シネマ珍風土記

まぁ映画な、岡山じゃ県

&

下津井平

捕物帖

3

akiz bunko

画・いしいひさいち
文・世良利和

前口上

まんが担当・いしいひさいち

まぁ映画な岡山じゃ県知事の世良利和氏が『岡山映画』と決めつけた映画作品をエッセーとまんがで紹介する『まぁ映画な、岡山じゃ県！』も３冊目となりました。
まんが担当として今回も74本のさまざまな映画を観ました。
と言うより、いろいろな境遇の映画に出会った気がします。

今や東京のフィルムセンターでしか観ることのできない『麦笛』（貴重な体験でした）、戦時国策映画ながら阪妻主演の力作『狼火は上海に揚る』、アニメが原作なのか原作が原作なのか素姓の知れない実写『魔女の宅急便』、リメイクなのかメイクなのか正体不明の『マンハント』、紋切型とはいえ実に由緒正しい『明治侠客伝』『女渡世人』、『早春』は小津作品としては不遇なのだそうですが岡山よりやや東京に近い『三石』の設定は岡山県人はもぞもぞします。

世良氏の綿密なデータに基づく適切なツッコミとわたしのいいかげんな4コマ、カットでこの74本を観た気になっていただければ、こんな紹介のされ方をした映画《シャシン》にとって不幸中の幸いかと思います。

ところで、似ているようで似ていないまんが部分の見苦しい登場人物はわたしの作品の常連のバイトくんとその一座が扮しています。

キクチ（バイトくん）
久保
スズキ
三宅ちゃん
タナベ先輩

目次

まぁ映画な、岡山じゃ県　３
＆下津井平次捕物帖

1話　鞍馬天狗、岡山に現わる？

『鞍馬天狗』

大映　一九四二年
※一九五三年に『鞍馬天狗　黄金地獄』として再公開
監督　伊藤大輔
脚本　伊藤大輔
原作　大佛次郎
撮影　石本秀雄
音楽　西梧郎
出演　嵐寛寿郎
　　　琴糸路
　　　上山草人
　　　原健作

数ある時代劇映画の中でも最大の人気を誇ったのは、大佛次郎原作の「鞍馬天狗」シリーズだろう。戦前戦後を通じて各社がたびたび映画化しており、その総数は実に六〇本を超える。鞍馬天狗を演じた俳優も一〇人以上いるが、やはり四〇本に主演したアラカンこと嵐寛寿郎のイメージが強い。

そのアラカン、太平洋戦争中に撮られた『鞍馬天狗』（一九四二）では岡山に来ているそうだ。竹中労の『鞍馬天狗のおじさんは』のインタビューで、アラカンは「岡山へロケに行った、玉野ゆう町の造船所や」と述べている。この映画は一般に「鞍馬天狗 横浜に現わる！」という惹句で知られ、戦後は『鞍馬天狗 黄金地獄』と改題してリバイバル公開された。なお原作は大佛次郎となっているが、ストーリー自体は監督の伊藤大輔によるオリジナルだ。

ヘボン博士の功績

本作の舞台は明治四年の横浜で、鞍馬天狗こと倉田典膳（嵐寛寿郎）は、西洋サーカスに雇われた用心棒の一人という設定だ。浪人仲間からは「倉田」の「倉」をもじって「ボンクラ」と軽んじられ、女性団員の買物のお供や、傘張りならぬコウモリ傘の修理をやっていて笑わせる。そんなある日、倉田は大道芸の角兵衛獅子をやっているお力（琴糸路）と杉作、チャコの三姉弟妹《きょうだい》に出会う。三人は視力を失ったお力の眼を名医と評判のヘボン博士に診てもらうため、横浜までやって来たのだ。倉田はお力をヘボンのところに連れて行き、手術を受けさせてやる。

このヘボン（Hepburn）は幕末に来日した実在の宣教師で、ローマ字表記法の「ヘボン式」にその名前を残している。現在ならヘプバーンと表記されるところだが、当時の日本人の耳にはヘボンと聞こえたらしく、本人もそう名乗っていたという。なんだかヘボ医者みたいだが、ヘボンは横浜で眼科を中心に無料の診察治療を行い、外科手術も施した。そのほかにも初の和英辞書を刊行し、聖書の翻訳も手がけ、明治学院大学を創設するなど、日本の近代化に大きな足跡を残している。

ついでながら、ヘボンの和英辞書編纂を手伝ったのは、岡山県美咲町出身の岸田吟香《ぎんこう》だ。吟香は後にヘボンから目薬の製法を伝授されて事業化し、ジャーナリストとしても活躍している。吟香の一四人の子どものうち、四男は洋画家の岸田劉生だ。

ヤコブの正体、バレる

日本の近代化に貢献したヘボンとは逆に、維新後間もない日本を食い物にしようとする輩もいる。ユダヤ商人のヤコブだ。ヤコブは明治新政府が是が非でも欲しい鋼鉄張りの蒸気船を建造する一方で、造船所の地下では金の含有量が少ない不良小判を贋造させていた。映画には倉田が杉作に維新後の貨幣制度の混乱を説明する場面があって、「悪貨は良貨を駆逐する」という有名なグレシャムの法則も出てくるぞ。

戦時下に製作された本作は、幕末を舞台に鞍馬天狗の活躍を描く従来のパターンとは異なり、西洋人と清国人を敵役にしてその悪巧みを打ち破るという、時局に迎合した内容となっている。悪役をユダヤ人にしたのは、おそらく同盟国ドイツの反ユダヤ政策を意識してのことだろう。そして倉田は新政府からの依頼で、西洋サーカスの用心棒に身をやつしながら、ヤコブ商会を探っていたのだ。

しかし映画に出てくるヤコブの顔はなんだか不自然ではないか？　そう、演じているのはサイレント時代のハリウッドで、悪役の中国人などに起用されていた上山草人《かみやまそうじん》である。ヘボンやサーカスの女は一応白人が演じているのに、なぜかヤコブだけは上山が扮しているのだ。しかも一瞬付け鼻かと思ったが、どうもあれは自前らしい。**付け鼻やこーしとっ**

たらぼっこー悪う言われるけーな。

だがいくら日本人離れした顔つきでも、たとえアメリカ暮らしが長くても、上山はしょせん日本人だ。その本性を隠しおおせるものではない。数を数える時に、思わず指が日本式の「指折り」になっていたぞ。

外国人がいるのに日本人の私がなんでユダヤ人さ。
あれはこっそり雇っている帰れなくなったユダヤ人なんです。

失われた伝説の殺陣

ところで先述の『鞍馬天狗のおじさんは』によれば、本作の玉野ロケでは、造船所内で三〇〇メートルを走りながら右に左に敵を斬り捨てる長廻しの殺陣が撮影されたという。ワンカットでという伊藤監督の打診に対し、アラカンはいったん無理だと断る。ところが伊藤に「あなたには無理ですか」と挑発され、役者の意地で撮影に臨んだ。アラカン、大スターなのにけっこう単純な性格で好感が持てますね。

この時伊藤は、殺陣の名手として知られたアラカンの完成された殻を破って、新しい魅力を引き出そうとしたのだ。こうして撮影された殺陣は狙い通り迫力ある場面となった。しかも極限の激しいアクションにもかかわらず、アラカンの着物の裾はまったく乱れていなかったそうだ。撮り終えた伊藤監督はその見事な裾さばきに内心舌を巻いている。

だが移動撮影によるこの殺陣のシーン、残念ながら現在は観ることができない。残されているフィルムの上映時間は約九〇分だが、戦前の記録では約一〇六分の長さがあった。戦後、斬り合いを嫌うGHQの意向に沿ってカットされたとも言われているが、本作には刀で斬り合う別なシーンが残っており、辻褄が合わない。もしカットされたとすれば理由はほかにあったと考えられる。果たして伝説の殺陣は本当に撮影されたのか？　そしてその映像は本当に失われてしまったのだろうか？

いずれにしてもカットされた部分が見つかれば、日本映画史に残る名場面の復元として大ニュースとなるし、玉野ロケの裏付け資料にもなる。そう思って玉野の造船会社に問い合わせてみたものの、どこの馬の骨ともわからぬ私のような輩が相手にされるはずもなく、あえなく門前払いの憂き目を見た。フィルムでなくてもかまいません、玉野ロケの模様や写真などについて、どなたか情報をお持ちではないでしょうか。

アラカンさん、造船所で船台をバックに300m走りながらの殺陣やで。
いや監督、この戦時に造船所で撮影は不許可やろ。
岡山県の玉野造船所がOKや。
えっ玉野ゆうたら巨大戦艦『人形峠』を造っとるともっぱらのウワサや。
いよいよアラカンいや、アカンやろ。
あれは海軍の謀略でな呉で『大和』長崎で『武蔵』を建造するためのカムフラージュや。玉野造船所の船台は実は、
セットやねん。
カーット
バッタ
ガラ ガラ ガラ ガラ

『めくらまし天狗』

2話　寅さんの甥っ子、津山で袋叩きにされる

『男はつらいよ　寅次郎紅の花』

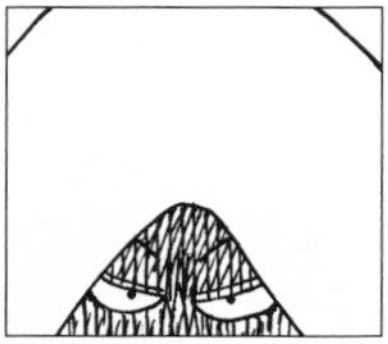

松竹　一九九五年
監督　山田洋次
脚本　山田洋次
　　　朝間義隆
原作　山田洋次
撮影　長沼六男
音楽　山本直純
　　　山本純ノ介
出演　渥美清
　　　浅丘ルリ子
　　　後藤久美子
　　　吉岡秀隆

「男はつらいよ」シリーズの事実上の最終作となった第四八作『寅次郎紅の花』で、山田洋次監督は奄美を舞台のひとつに選んだ。これは寅次郎（渥美清）が奄美でハブに咬まれて死んだとされるテレビ版の最終回を意識してのことだろう。四半世紀も続いたギネス記録の人気シリーズも、そろそろ幕を閉じる時期が来たと感じていたに違いない。渥美清の体調の悪さは、本作を観れば誰の眼にも明らかだ。いや、渥美だけではない。さくら（倍賞千恵子）もずいぶん老けたし、おいちゃんやおばちゃん、タコ社長のセリフにも切れや勢いがなくなっていた。それに今さら寅さんの嫁探しでもあるまい。

三度目の岡山ロケは県北で

そんな最終作で、津山を中心とした岡山県北へのロケ誘致が実現する。同シリーズの岡山県下でのロケは、第八作『寅次郎恋歌』（一九七一）、第三二作『口笛を吹く寅次郎』（一九八三）に続いて三度目となった。オープニングは木造の駅舎が残る因美線の美作滝尾駅だ。駅の管理人が弁当を届けてもらったところに寅次郎が顔を出し、美作勝山までの切符を二枚買い求める。

続くタイトルバックには、寅さんとポンシュー（関敬六）が勝山（現在は真庭市）の蔵元・辻本店で地酒の味見をして酔っぱらい、トランクも置き忘れてふらふらと歩く場面や、津山の祭りに露店を出して消火器などを売っているところを、ハッピを着た消防団員に見とがめられる場面などが使われている。津山へのロケ誘致や撮影中のエピソードなどについては春名啓介の『男はつらいよ ― 津山ロケ日誌 ―』に詳しい。

ただし本作の主人公はすでに寅次郎ではなく、靴メーカーの営業マンになっている甥の満男（吉岡秀隆）だ。わざわざ上京してきた初恋の相手である泉（後藤久美子）から見合い結婚すると告げられた満男は、心にもなく「よかったじゃん」と口にする。肝心な時に女心を受け止めることができず、逃げを打つところは寅さんにそっくりだ。結婚相手が研修医で岡山県の津山出身だと聞くと、セールスで行ったことがある、近くの温泉に泊まった、などと適当に話を合わせてしまうのだ。

ほほー、津山の近くの温泉ですか。となると奥津温泉か湯郷温泉だが、関西方面からの交通の便や営業という立場を考えると、湯郷に泊まった可能性が高い。ということで、本日より湯郷温泉のキャッチフレーズは「寅さんの甥が泊まったかも知れない温泉郷」に決定させていただきます。

寅さんかもしれない人の甥かもしれないお客が泊ったかもしれない温泉かもしれませんでね ホホホ
かもしれません。

映画『卒業』の津山版？

さて、津山で結婚式が行われる当日、花嫁姿の泉を乗せたタクシーの中では、花婿の伯父が津山人気質について熱弁をふるう。**そりゃあまあええんじゃが、タクシーが走っとんは鶴山城址の馬場の段じゃろう。その先は公園の料金所で行き止まりじゃ。**いったいどこへ行くつもりなのだろうか。

続いて両家の親族は車を連ねて式場へと向かう。花婿の伯父によれば、花嫁を乗せた車はどんなことがあってもバックしてはならない、というしきたりだ。しかし、一台だけならまだしも、何台も連なって狭い坂道や旧道を走るのだから、はなはだ迷惑な話である。案の定というか、途中に対向車が停まっている。しかも運転席には満男の姿が……。

花婿の伯父がバックしてくれるように頼むが、満男は返事をしない。それどころか逆に前進してバンパーをぶつけ、花嫁が乗ったタクシーを押し戻してしまう。そして運転席を飛び出し、タクシーのフロントガラスを叩きながら「結婚なんかやめろよ」と叫ぶ。けれども『卒業』（一九六七）のダスティン・ホフマンにはなれず、その場で取り押さえられ、殴る蹴るの暴行を受ける。

花婿の親族には髪を染めたリーゼントのヤンキーがいるし、伯父は草履を手に持って殴りかかる始末だ。おまけに「おい、開けんか、こりゃ！」という怒鳴り声も聞こえたぞ。こうなると泉が「まじめな人」だと言っていた花婿も、単なる旧家のバカ息子にしか見えない。ちなみにこの花婿役を演じているのは、寅さんの義弟に扮している前田吟のバカ……いや、息子さんです。満男は泉に向かって津山のことを「いいとこですよ」と言っていたが、三年間の高校生活を津山で過ごした私は訂正しておきたい。**ちーとばーがらが悪《わり》いんじゃねーか？**

ゴクミの恋

泉の結婚式をぶち壊しにしてしまった満男は、岡山から鹿児島、奄美大島を経て加計呂麻島へとさまよう。そこでリリー（浅丘ルリ子）に拾われ、彼女の家で寅次郎と再会した。

満男の話を聞いた寅次郎はさっそく説教を始める。男には耐えなきゃならないことがある、男は引き際が肝心だ、と。例によって自分のことは棚に上げ、上から目線だ。

ところがリリーは満男の肩を持ち、寅次郎みたいに格好をつけるのは、卑怯で意気地がなくて気が小さく、エゴイストで臆病者だ、と喰ってかかる。自分に対する寅次郎の煮え切らない態度を責めているのだが、勢いに任せて**しまいにゃあ「グニャ〇〇」とまで言うとりんさるで。**女に惚れっぽいくせに、いざとなると逃げ出す寅次郎の本質を簡潔に言い当てた、見事な表現ですな。『男はつらいよ』は言わば「去勢された任侠映画」みたいなものだが、それにしてもシリーズ中で最も品のない言葉が浅丘ルリ子の口から発せられていたとは。

一方、満男が波打ち際の砂浜に「泉」と書いていじけているところへ、結婚をすっぽり放棄した泉がやって来る。そして、なんであんなことしたの、といきなり満男に迫る。さすがはF1レーサーと結ばれるゴクミ、切り替えも勝負も早い。ちなみに彼女が花嫁姿で津山ロケに臨んでいた時、恋人のジャン・アレジも津山にほど近いTIサーキット英田でレースに出場していた。あれからもう二五年が経って、ゴクミもすでに四十代後半を迎えている。三人の子どものうち、長女は日本で芸能界デビューし、長男は父と同じF1レーサーをめざしているそうだ。

『男はちょろいよ』

あーっ 花嫁さのせたクルマが『戻る』のはエンギが悪いからバックしちゃいけんのに、
むこうからも田舎道を花嫁さのせたタクシーが!!
のりかえればいいんだわ。
そうか!クルマを互いにのりかえればタクシーはバックしても花嫁は戻ったことにはならん。
頭のええ人じゃのう
久美子さんはええ奥さんになるじゃろう。
しがない靴屋の満男から津山の医者の息子にのりかえたんだもの次はF1レーサーにでものりかえてやるわ。

3話　岡山県人が大東京で演じるすれ違いのメロドラマ

『心の日月《じつげつ》』

大映　一九五四年
監督　木村恵吾
　　　吉村廉
脚本　木村恵吾
　　　田辺朝二
原作　菊池寛
撮影　姫田真佐久
音楽　米山正夫
出演　若尾文子
　　　菅原謙二
　　　船越英二
　　　立山美雪

かつてのラジオドラマ『君の名は』やブームとなった韓流ドラマ『冬のソナタ』を持ち出すまでもなく、「すれ違い」はメロドラマの定石だ。ハラハラさせ、じりじりさせることで読者や視聴者、観客を物語にのめり込ませてゆく。今回取り上げる菊池寛原作の映画『心の日月《じつげつ》』（一九五四）でも、それこそゲップが出るほど何度もすれ違いが演じられる。その発端となるのは旧国電（現在はＪＲ東日本）の飯田橋駅だ。

列車で上京してきたヒロインの麗子（若尾文子）は、公衆電話から思いを寄せる磯村（菅原謙二）に連絡し、飯田橋駅で待ち合わせる。ところが何時間待っても磯村はやって来ない。それもそのはず、飯田橋駅には出口が二つあり、二人はそれぞれ別な出口で待っていた……。もちろんスマホも携帯もメールもＬＩＮＥもない時代の話であります。

この男、役に立たんのォ

本作は戦前に撮られた入江たか子主演の『心の日月（烈日篇・月光篇）』（一九三一）のリメイクだ。この戦前作は菊池の小説が雑誌連載中に映画化されてヒットし、『キネマ旬報』のベストテン第二位に入っている。残念ながらフィルムはすでに失われたとされ、現在では観ることができない。

戦後になって若尾文子の主演でリメイクされた本作では、麗子が列車で上京するところから物語が始まるが、菊池の原作小説では冒頭に岡山の場面がある。そう、すれ違いを演じる二人は岡山県人という設定なのだ。旧制の第六高等学校に通う磯村に対し、麗子が通う女学校のモデルは山陽高等女学校（山陽女子高校の前身）だ。学校も近く、同じ教会に通う二人は惹かれあい、磯村が東京の大学に進むと手紙のやり取りをする。けれども麗子には親の決めた許婚者がいて、女学校を卒業したらすぐ式を挙げることになっていた。意に添わぬその結婚から逃れるため、麗子は磯村だけを頼りに東京へ出奔するのだ。

上京してきたばかりの麗子は仕方がないとしても、長い間東京に暮らしながら最寄り駅の出口が二つあることに思い至らない磯村は、ちょっと間抜け過ぎる。お勉強はできても視野が狭く、一般社会では通用しないタイプだ。親に逆らって家出した麗子は、それこそ後戻りできないギリギリの状況にいる。泊まるところさえないのだ。**そねーなおりに役に立たん男やこー放っとかれー。**菊池の原作では磯村が難関の外交官試験に合格しているが、こんなボンクラが外交官になるようでは、日本が国際的に孤立し、勝ち目のない戦争に突き進んで破滅したのも無理はない。

磯村と中田のボンクラ合戦

行くあてのない麗子は、上京する際に列車で知り合ったバーのマダムを銀座に訪ね、寝泊りさせてもらう。そして彼女の紹介で一流商事会社の社長秘書に採用された。しかも青年社長の中田（船越英二）は妻のある身ながら麗子を気に入り、香水やダイヤのブローチをプレゼントしてくれる。磯村と会えなかったおかげで運が回ってきたぞ。ところが好事魔多し、中田の妻が麗子の存在を嗅ぎつけ、依願退職させてしまう。急に辞めると言い出した麗子に当惑する中田……って、妻の嫉妬に気づかぬ中田も、どうやら磯村と同じくボンクラ系である。

百貨店のハンカチ売り場で働き始めた麗子は、お嬢様グループの買い物を運ぶ磯村を見かける。貧乏な磯村は岡山出身者向けの学生寮にいたが、麗子の許婚者が寮の出資者だったため、追い出されてしまったのだ。映画では「山陽寮」となっているが、岡山関係では現在も岡山県学生会館、精義館、備中館、鶴山館、児島館などが運営されている。

磯村はバイト先のパチンコ店で中田の妹・明美（立山美雪）と知り合い、犬の散歩係兼フランス語教師として偶然（！）にも中田家に住み込んでいた。明美は磯村に夢中になるが、磯村は一向になびかない。一緒にスキーに出かけ、二人きりで同じ部屋に泊まっても、一人で本を読んでいるような唐変木なのだ。あまりの屈辱に泣き出す明美ちゃん、磯村はボンクラだから許してやってくれ。

さらに続くすれ違い

その後も二人はすれ違いをくり返す。ある日麗子は、映画館で明美が磯村に抱きついているのを目撃し、ショックを受けて席を立つ。それに気がついた磯村は後を追い、ポケットからノートを取り出して何やら書きなぐると、ちぎって丸めて走り去る麗子のタクシーに向かって投げつける。ストライク！　真冬だというのに、なぜかタクシーは後部座席の窓を下ろしたままだったのだ。

麗子が足元に転がった紙を開くと、毎晩有楽橋で待っている、という内容。その日から磯村は雨の日も雪の日も有楽橋に立ち続けるのだが、**女にばーほうけとって、学生の本分**

はどねーなっとるんなら？　しかも麗子がやって来たクリスマスの日、たまたま磯村は友人の手伝いで橋に来るのが遅れ、またもやすれ違いだよ。

一方、中田も麗子をあきらめ切れず、百貨店を訪れてはハンカチをダース買いする。なかなか彼女をデートに誘うことができない中田は、他の売り子たちの笑い者だ。とても一流企業の社長が務まる器とは思えない。それでもクリスマスの夜にようやく麗子を誘い出し、妻とは別れるから結婚してくれ、と申し込む。おおー、麗子ちゃん、いよいよ玉の輿だぞ。

だが麗子が心に秘めた相手が磯村だったと知ると、中田はわざわざ彼に事のいきさつを問い質す。そして粋な計らいで二人を引き合わせてやるのだ。しかし麗子はボンクラの磯村と結ばれて幸せになれるのだろうか。はなはだ疑問の残る結末である。同じボンクラ系でも財力のある中田の方がまだましだという気がするのは、おそらく私だけではあるまい。菊池の原作では、麗子がいずれ中田の愛を受け入れるであろうことが示唆されているだけになおさらだ。

ところで本作を『山陽新聞』の連載で取り上げた後に、山陽女子高校の関係者から情報が寄せられた。それによれば、菊池の原作は実話にもとづいており、ヒロイン・麗子のモデルとなった女学生がいたのだという。彼女は雑誌で身上相談を担当していた新渡戸稲造に手紙で相談している。そして新渡戸のアドバイスに従って親が用意した縁談を断わり、自分が思いを寄せる六高生と結婚したそうだ。

『心の日月火水木金金』

磯村さん わたしよ、麗子。家出して東京に 出てきて 飯田橋で 待ってるわ。
国鉄の 飯田橋駅 だね!
岡山県人会寮
ええ、南口の、、
うん、南口の、、
とうガードさ ぬけて、、
南口の ガードさ ぬけて?
お二階へどうぞ横丁
『お二階へどうぞ横丁』の入り口。
麗子さん 東京に出て きて何年 なんだい?
同伴

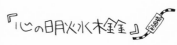

4話　あの長門勇がなぜか女にモテて困る

『いも侍・蟹右衛門』『いも侍・抜打ち御免』

『いも侍・蟹右衛門』
松竹　一九六四年
監督　松野宏軌
脚本　犬塚稔
撮影　酒井忠
音楽　山本直純
出演　長門勇
　　　天地茂
　　　倍賞千恵子

『いも侍・抜打ち御免』
松竹　一九六五年
監督　松野宏軌
脚本　犬塚稔
撮影　酒井忠
音楽　阿部皓哉
出演　長門勇
　　　天地茂
　　　鰐淵晴子

前々著『まぁ映画な、岡山じゃ県！』でも触れたが、かつて「七人の侍」ならぬ『三匹の侍』（一九六三‐六九）というテレビの人気時代劇があった。丹波哲郎や平幹二朗、加藤剛といった正統派の俳優に対して、軽演劇出身の長門勇が農民出身の浪人・桜京十郎に扮して注目を集めた連続ドラマだ。このドラマ自体も『三匹の侍』（一九六四）として映画化されているが、それとは別に長門を主役に製作されたスピンオフ映画が今回取り上げる「いも侍」シリーズだ。

長門の役名は桜京十郎から泡島蟹右衛門に変わっているものの、岡山弁丸出しの貧乏浪人という設定はそのままだった。蟹右衛門は剣の達人だが、酒に目がなくて女は苦手、牛や馬を治療して食いつないでいる。そんな庶民的な田舎侍を演じさせたら、おそらく長門の右に出る者はいない。しかも物語の舞台が岡山でなくても、長門が登場してひと言発するだけで映画には岡山感が色濃く漂う。かつては長門のほかにも名古屋弁を使う南利明や東北弁の由利徹など、方言やローカル色を売りにするコミカルな役者がいて楽しませてくれたが、最近はあまり見かけなくなった。

子連れいも侍

第一作『いも侍・蟹右衛門』(一九六四)の冒頭、一人旅の蟹右衛門は道場破りのゴロツキ浪人一味と遭遇する。トボケた顔で彼らの蛮行を諫めながら、指で丸薬を弾いて離れた徳利に入れる神業で連中をビビらせるが、淵上(天知茂)だけは盃投げで対抗した。もちろんこれはクライマックスに向けての伏線で、二人はいずれ対決する運命にある。

淵上は名門道場の後継者と目され、道場主の娘とも結ばれるはずだったが、自らの邪剣ゆえに破門となった男だ。ただし邪剣といっても決して格好のいいものではなく、刀を逆手に持ってむちゃくちゃに振り回しているだけだ。ガキのチャンバラごっこじゃあるまいし、いやしくも名門道場の師範代がやることか。**そねーな者《もん》は破門じゃ、破門じゃ。**せっかくニヒルな天知なんだから、殺陣師も円月殺法や陽炎の剣みたいに、もっと妖気漂う邪剣を考案してやれよ。

一方、蟹右衛門は農民たちから見ず知らずの幼い男の子を押しつけられ、子連れ狼ならぬ「子連れいも侍」となる。そして次第に男の子に情を移すが、貸元の娘・陸（倍賞千恵子）がその子に死んだ弟の姿を重ね、なぜか蟹右衛門にまで好意を寄せる。いや、陸だけではないぞ。女スリの銀（野川由美子）も蟹右衛門に惚れてしまい、彼にまとわりついて離れないのだ。困った蟹右衛門は、とっさに田植えの最中だった農民に混じって身を隠すが、これが実によく似合っている。ただし、長門は農家の出身ではない。念のため。

ローマの休日？

続く第二作『いも侍・抜打ち御免』（一九六五）は、将軍家への献納牛選定をめぐる物語だ。近江の選定会場にやって来た蟹右衛門は、牛馬用の丸薬を売るために、これを飲めば毛並みがよくなる、などといい加減な宣伝をする。後家で女牛飼いのかね（清川虹子）が「だまされたと思って」と丸薬を牛に飲ませたところ、偶然にも一次審査通過となる下選《え》りの一〇頭に入った。

大喜びのかねはたちまち蟹右衛門に惚れるが、さすがに清川が相手では長門の顔もひきっている。けれども清川にはかつてマーロン・ブランドに惚れられたという輝かしい過去があることを、長門は知っていただろうか？　ハリウッド映画『八月十五夜の茶屋』（一九五六）に出演したときのことだ。マーロンはヒロイン役の京マチ子には目もくれず、清川を口説き続け、清川が帰国する時には空港で濃厚なキスを交わしたそうだ。

それはともかく、寺の境内にあばら家を借りて牛や馬の診療を始めた蟹右衛門は、人の命をなんとも思わない辻斬りの藩士や献納牛の名誉を手に入れようとする豪農・藤兵衛の汚い手口、さらにはその後ろ盾となっている藩の重臣らに怒りを爆発させる。そして物語の終盤には、お国入りの途中で暴れ牛に襲われてお供の一行とはぐれた依姫《より》（鰐淵晴子）が絡んでくる。

蟹右衛門が姫に蕎麦の食べ方を教え、城下へと連れて行く珍道中は、さしずめ江戸時代版の『ローマの休日』（一九五三）といったところか。もちろん蟹右衛門は依姫にも気に入られる。あの風貌にもかかわらず、本シリーズでの長門は常に美女たちにモテモテなのだ。また本作には旅巡業の生意気な子ども座長が登場するが、ひと目で小林幸子とわかる。五五年以上も前の出演だが、顔も歌の節回しも今と変わらない。それともう一人、後に日本を代表する演出家となる蜷川幸雄も端役で出演している。

蟹右衛門の見事な殺陣

長門はもう一作『殴り込み侍』（一九六五）でも蟹右衛門に扮したが、こちらは太宰治の「走れメロス」を元ネタにしたような物語だ。「いも侍」シリーズを含めていずれも監督は岡山県清音村（現在は総社市）出身の松野宏軌だった。備中総社一帯は古くから越中富山と並ぶ薬の本場として知られ、牛馬薬も作っていた。もしかすると牛馬薬を扱う蟹右衛門の設定は松野のアイディアだったのかも知れない。松野は監督デビューから五作続けて長門の主演作を手がけ、後にはテレビの「必殺！」シリーズでも一度だけこの岡山コンビが復活している。

ところで岡山弁丸出しのいも侍というイメージに似合わず、長門は殺陣の名手だった。本シリーズでは、両手に持った二本の刀を蟹のハサミのように立てて構え、素早く左右に横歩きしながら、独特の二刀流を披露している。もちろん相手の刀をくるくると絡めて巻き上げるという、「三匹の侍」以来の得意技も健在だ。

実はこの長門の得意技について、私は常々思っていたことがある。**『ペイルライダー』（一九八五）ゆう西部劇でクリント・イーストウッドが真似とりゃあせんか？**　しょせんはアメリカ人が棒切れを振り回すチャンバラだから、ぎこちなくて力まかせという印象だが、あれは長門の技が元ネタではないのか。いや、そうに違いないぞ。この際だから勝手に決めさせてもらう。さらにイーストウッドは棒を回転させて相手を幻惑するが、こちらは「眠狂四郎」シリーズに出てくる円月殺法の真似だ。日本批判に一役買ってきたイーストウッドだが、ちゃっかり日本から殺陣を学んでいたことになる。そう、西部劇に影響を与えた時代劇は、黒澤明の『七人の侍』（一九五四）や『用心棒』（一九六一）だけではなかったのだっ。

撮影中すみません。
岡山観光特使の長門さんにお願いがありまして。
なんでも言うてください。
今、県では『もんげー』を推しています。
ついては映画『いも侍』の中で使うてもらえんでしょうか。
もんげー岡山
しかし子供の頃から『もんげー』とは言うたことがないんじゃが。
実はわたしらも使いません。
そこをなんとかぜひ、
ハハハ
こんな感じで。
いもんげー侍
もんげー岡山
方言観光課
『おえりゃあせん』にかわる長門さんのキャッチフレーズ『やーちもねえ』を思いついたいきさつは？
それがまあやーちもねえハナシで。

『いもんげー侍』

5話　金魚を喰った池部良の末路

『早春』

松竹　一九五六年
監督　小津安二郎
脚本　小津安二郎
　　　野田高梧
撮影　厚田雄春
音楽　斎藤高順
出演　池部良
　　　淡島千景
　　　岸惠子

二〇一二年に英国映画協会が発表した「映画監督が選ぶ史上最高の映画トップ10」で第一位に選ばれたのは、小津安二郎監督の『東京物語』（一九五三）だった。ピンク時代の周防正行監督が『変態家族　兄貴の嫁さん』（一九八四）に小津へのオマージュを込めたことは有名だが、ヴィム・ヴェンダースやドーリス・デリエといったドイツの監督たちも、小津には深い敬意を払っている。

そんな世界の名匠・小津がサラリーマンの悲哀と夫婦関係の危機を描いたのが、今回取り上げる『早春』（一九五六）だ。『東京物語』（一九五三）で尾道ロケを行った小津は、本作でも終盤のわずかなカットのために岡山県の三石町（現在は備前市）を訪れている。主人公の勤め先が耐火煉瓦の会社で、三石に工場があるという設定だからだ。ただしタイトルは「早春」なのに、なぜか映画の中の季節は「真夏」だった。

不機嫌な夫婦

東京・丸の内の会社に勤める杉山（池部良）は数年前に幼い息子を亡くし、妻（淡島千景）との間にもすきま風が吹いている。それぞれ知り合いには笑顔を見せるのに、家の中では互いにいつも不機嫌そうだ。食事をめぐるすれ違いが、二人の関係を象徴している。たとえば杉山は「今朝、パンよ」と言う妻に不満顔を見せ、帰宅して食事の準備ができていないとむくれて外出する。逆に妻が食事を用意して待っていると、ラーメンを食ってきたとそっけない。小津作品に限らず、男女二人による飲食場面が親密さや性的関係の喩となっていることは言うまでもない。

そんな夫婦がそろって笑う場面が一度だけある。杉山の通勤仲間である千代（岸惠子）の「金魚」というあだ名が話題になった時だ。夫婦は蒲田に住んでおり、杉山は京浜東北線で丸の内にある会社まで通勤している。毎日同じ電車で通う仲間がいて、それぞれ勤め先は違うが昼食時に会ったり、マージャンをやったり、休日にはハイキングに出かけたりしているのだ。

ある時杉山は、今度の日曜にハイキングに行くから一緒にどうか、と妻を誘う。金魚も行くんだ、と言う。妻は「どうしてあの人、金魚っていうの？　とてもきれいな人じゃない」と尋ねる。すると杉山がニヤニヤしながら「あいつ目玉でかいしさ、それにちょいとズベ公だろ？　煮ても焼いても食えないっていうんだよ」と説明し、それを聞いて妻も「かわいそうだわ」と余裕を見せて笑うのだ。だが二人とも笑っていられるのは今のうちだけだぞ。

映画はこの夫婦の葛藤を中心に、杉山と通勤仲間の交流、戦友との再会、同僚の病死、退職間際の男の哀感などを織り込み、戦後の復興期を背景にサラリーマンの停滞した日常を描いてゆく。杉山の心に巣食っている言いようのない諦めと倦怠を、池部は持ち味の虚無的な表情で淡々と演じてみせた。

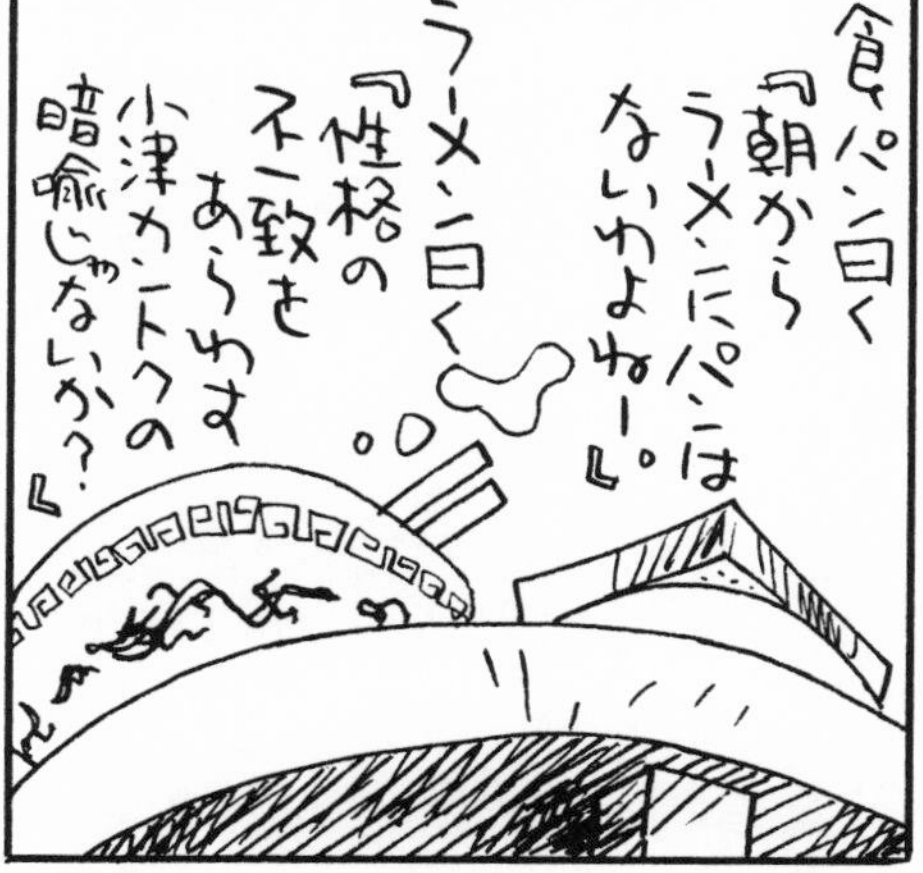
食パン曰く
『朝からラーメンにパンはないわよねー。』
ラーメン曰く
『性格の不一致をあらわす小津カントクの暗喩じゃないか？』

岸恵子、怒りのビンタ

一方、金魚は一流企業のタイピストで、すらりとした肢体と垢抜けしたファッションのアプレガールだ。小津監督は岸のことを「身持ちが悪くていいぞ」と気に入っていたという。本作の金魚のキャラクターも岸の起用を前提にしたものらしいが、演技については厳しかった。なぜ何回もテストするのかと聞く岸に対し、恵子ちゃんがとっても下手だからだよ、と答えたとか。**でーれーことを言いんさるもんじゃ。**

さて、金魚は杉山に好意を抱いている。食事をめぐるぎくしゃくした夫婦関係をよそに、金魚と杉山はトラックの荷台で一緒に菓子を口に入れ、丸の内では昼食に中華饅頭を食べている。さらにお好み焼き屋では個室を取って二人で焼けるのを待つ、といった具合に関係が進展してゆく。そして彼女が積極的に迫ると、ためらっていた杉山もさすがにがまんできない。

キスする時に呼鈴を踏んでしまい、店の女が用を聞きに来て二人を慌てさせる場面があった。男女の心理状態と不倫の後ろめたさを、このちょっとした場面でうまく印象づけている。そして海沿いの待合に泊まった翌朝、金魚は「夕べは灯がチラチラしてて、いいとこだと思ったら……汚い海」とつぶやく。このセリフには、一夜を共にした女に対する男の冷めた思いと後悔の念がくっきりと写し出されていた。ここから杉山の不毛な撤退戦が始まるのだ。

だが、男が逃げれば女は追いかける。杉山家にやって来た金魚と迎え撃つ妻の間には激しく火花が散る。危うし池部良！　妻は杉山に浮気の証拠を突きつけると一人で泣き、家を出てしまう。しかも杉山は遠く岡山の三石工場への転勤を打診されていた。明らかに左遷である。さらに単身赴任の荷造りをしている杉山のところに金魚がやって来て「なぜ黙って逃げんのよ」と問い詰め、怒りの鉄拳ならぬ怒りの平手打ちを見舞う。往復も含めて合計四発だ。**せーみー、金魚やこー喰うけーじゃ。喰うたんが人魚じゃったら、左遷じゃのーて不老不死じゃったのに。**

こーまい町じゃし

杉山が転勤した三石は、山に囲まれた魅力のない辺地として描かれている。小津は決して田舎を礼賛するために三石を選んだ訳ではないから、それは仕方のないところだろう。近年の地方ロケ作品では無意味に田舎を礼賛したり、ロケ地に媚びてわざとらしい人情をでっち上げたりする傾向があってうんざりだから、本作のような田舎の描き方はむしろ清々しい。

三石の場面はわずか六分余りだ。この時小津監督がロケに連れて来た俳優は池部だけで、演技も歩いて下宿に帰るワンカットのみだった。けれども山を背景に煙突が立ち並び、黒い煙をモクモクと吐き出すシーンは印象的だ。これは地元の工場が撮影に協力したものらしいが、いかにも有害物質たっぷりという感じがする。

映画の中では会社の同僚のおじさんが岡山弁で「こーまい町じゃし」と言うが、中途半端な地方都市ではなくて東京の対極にあるような辺地だからこそ、杉山はサラリーマン人生をもう一度見つめ直して頑張ろうと決意し、後からやって来た妻とも和解することができるのだ。そして映画は、夫婦が部屋の窓から上りの列車を眺めて「あれに乗ると、明日の朝東京へ着くんだなあ」「二、三年なんてすぐよ」と言い合うところで終わる。小津作品には欠かせない列車だが、ここでは夫婦の東京への思いに引かれるようにゆっくりと遠ざかってゆく。

ポー
妙な女に手を出して東京の本社から三石工場にトバされた杉山クン。
あの汽車にのると明日の朝には東京に着くんだなあ
夫の浮気はとりあえずチャラにして『こんな田舎までついてきてやった。』妻の昌子。
バカね、それも言うなら、
このあとの下りにのると小1時間で岡山よ。ちょっとサカエちゃんと天満屋でお茶してくるわ。
戦後強くなったのはストッキングじゃなくて女性だけ。

『愛と早春の旅立ち』

6話　西大寺五福通りに魔女が舞い降りた

『魔女の宅急便（実写版）』

東映ほか　二〇一四年
監督　清水崇
脚本　清水崇
　　　奥寺佐渡子
原作　角野栄子
撮影　谷川創平
音楽　岩代太郎
出演　小芝風花
　　　広田亮平
　　　尾野真千子

トホホ。久しぶりに宮崎駿監督の『魔女の宅急便』（一九八九）を観ようとしたら、間違えて実写版の『魔女の宅急便』（二〇一四）を借りてしまった。劇場公開されると聞いた時、岡山ロケの場面があるとは知りながら、恐ろしくて観に行く決心がつかなかった作品だ。しかも世界中にファンを持つ完成度の高い宮崎駿のアニメ版がすでにあるのに、わざわざ実写化するのだから、製作者も監督もよほど自信があったに違いない。

おまけに原作者の角野栄子がナレーションを担当し、森に暮らす魔女……もとい、パンの注文客として特別出演している。もしかするとアニメ版の大ヒットで影が薄い原作者の自己アピールなのだろうか。鬼が出るか蛇が出るか、ここはひとつ覚悟を決めて拝見することにしよう。

ズロース姿はやめろ

母（宮沢りえ）から魔女の血を受け継いだ一三歳のキキ（小芝風花）は、満月の夜に黒猫のジジを連れて旅立ち、知らない町で一年間の独り暮らしを始める。それが一人前の魔女になるための通過儀礼なのだ。まだ中学一年生くらいなんだから、学校はどうするのか気になるところだが、この設定はアニメ版と同じく原作から引き継がれている。まあ一種の体験学習ということにしておこう。パン屋のおソノ（尾野真千子）に風車小屋の上階を貸してもらったキキは、箒で空を飛ぶ魔法を活かして宅配業を始め、飛行装置を研究しているとんぼ（広田亮平）という少年と出会う。

大人への第一歩を踏み出す少女の物語なのだから、思春期のもろさ、危うさの描き方が大きなポイントだ。その点アニメ版は、キキが時おり見せる大人びた表情も含め、うまく陰影を浮かび上がらせていた。さすがは宮崎駿、大林宣彦と並ぶロリコン監督として評価が高いだけのことはある。

対する実写版のキキは演技が一本調子で、飛べなくなる理由も含めて子どものままだ。異性を意識し始めた少女としての危うさはまったく表現できていない。**せーに思春期の娘が下着姿で人前に出ちゃあおえんで。**おソノの夫がどこ

か変質者風で挙動不審なのは、キキのズロース姿が原因ではないだろうか。

その町、違うでしょ

映画の冒頭には、魔女の存在が信じられている東洋のある町の話、という断り書きが出る。しかしそもそも「東洋の魔女」が箒にまたがって飛ぶのかよ。いや、それ以前に一九六四年の東京オリンピックじゃあるまいし、「東洋の魔女」っていったいなんなの？またアニメ版の舞台となるコリコの町はヨーロッパ風の古い大きな町だったが、実写版のコリコは上から見ても通りの建物を見ても、日本の田舎町そのものだ。そこへ箒にまたがったキキが現れると、「絶対に間違っている！」と叫びたくなるほどの違和感が漂う。

本作のロケは主に小豆島で行われているが、コリコの町の中心部は岡山市西大寺の五福通りで撮影された。昭和初期の古い街並みが残り、看板建築が連なっていることで全国的にも有名な一角だ。『Ａｌｗａｙｓ 三丁目の夕日』（二〇〇五）などのロケ地として注目を集め、近年では『君と１００回目の恋』（二〇一七）のロケもここで行われている。後楽園や倉敷美観地区に続く岡山ロケの定番スポットになりつつある地区だが、**ありゃー魔女にゃあ似合わまー。**おまけにどの場面だったか、ド派手なオレンジ色のワンピースに白いベルトを締めた怪しい制服姿の女子高生たちが町を歩いていたぞ。もしかして地元・西大寺の魔女でしょうか？

映画の後半、魔法を失ったキキがなんとか箒で飛ぼうとして五福通りを走る姿も、あまりに場違いな映像になっていて笑えました。そもそもこのヒロイン、少女としての可愛らしさ（それも人それぞれの好みですけど）はあるものの、箒にまたがって空を飛ぶにしては、むちむちした感じでいささか重過ぎるのではないのか。とても宮沢りえの娘役とは思えません。

飼育員が原因だよ

ところで、主に原作の第一巻を下敷きにしたアニメ版に対し、この実写版では第一巻と第二巻を元に映画化されている。従ってクライマックスではマルコという動物園の子カバのエピソードが描かれる。ライオンに尻尾を齧られたマルコが病気になるのだが、獣医のイシ先生（浅野忠信）がいるのは遠く離れた無人島だ。キキは園長の依頼を受け、嵐の海を越えてマルコをその島へと運ぶ。

この時、飼育員のナヅル（新井浩文）が何かとキキに突っかかる。ナヅルはそれまでにもキキに物を投げつけて「二度と来るな」と怒鳴り、園長へのインタビューに割り込んで「魔女のせいだ、呪いを運んできた」とがなり立てていた。気に入らないとバケツを蹴り、干し草を投げ散らかすはた迷惑な単細胞だ。単細胞だからいつも声がでかい。

こんな飼育員に世話されたんでは動物たちもたまったものではない。演じている新井があんな事件を起こしたから言う訳ではないが、ライオンがマルコの尻尾を齧ったのも、マルコが病気になったのも、天候が悪化して嵐になるのも、みんなこの短気で乱暴な飼育員のせいだと思います。

けれども、そのナヅルよりもっと厄介なのはイシ先生だ。獣医としての仕事もせずに無人島でのんびりアウトドア暮らしを楽しんでいるようだが、それならわざわざ白衣を着るな、白衣を。ろくに診察もしないままマルコを「中心点不明病」と決めつけ、治療は尻尾の代用品を結びつけて終わりといういい加減さ。観客をカバに、いやバカにしているのか。

商店会長！西大寺ロケで実写映画化されたあとミュージカル化され、オペラ化され、舞台劇化され、歌舞伎化され、TVドラマ化されCGアニメ化された、ジブリの『魔女の宅急便』をまた実写化したいと言うてきた！
えっ
商店会事務所
しかし、
アレンジされて、アレンジされて、アレンジされて、アレンジされて、アレンジされて、アレンジされてアレンジされたものをさらにアレンジしたらあんた、
くわー
くわぁ
くわぁ
こんなことになっとりゃせんか！
五福商店街
キャー
さいわいにもぐるっとまわって元の位置らしい。
いやいや
ご協力さよろしく。
ししし
キキだぴょん。
ビミョーに違っていてかえってキモチわるい。

『魔女の宅急べん』

MGM

7話　親友も経年変化で別な人

『でーれーガールズ』

ホリプロ 二〇一五年
監督　大九明子
脚本　源孝志
原作　原田マハ
撮影　中村夏葉
音楽　矢野博康
出演　優希美青
足立梨花
白羽ゆり
安蘭けい

不覚であった。私はこの映画を観るまで、岡山市内にある山陽女子高校《さんようじょし》の制服が変わったことに気がついていなかった。映画にも出てくる同校の旧型制服（ただし冬服のみ）は岡山県下で人気が高く、原作となった原田マハの小説にも「制服が他校よりずっとかわいかった」と記されている。校名こそ架空の白鷺女子高校になっているものの、物語の舞台はその山陽女子高校がモデルで、映画化に際しては同校でのロケも行われた。従って本書の3話で取り上げた『心の日月』（一九五四）のヒロイン・麗子は、本作の佐々岡鮎子（優希美青／白羽ゆり）や秋本武美（足立梨花／安蘭けい）の大先輩ということになる。もちろん原作者の原田マハは同校の卒業生で、物語には彼女の自伝的要素が反映されている。

鶴見橋の妄想

東京でマンガ家として活躍する鮎子は、母校の創立一二〇周年記念講演に招かれ、高校時代を過ごした岡山を訪れる。そして旧友との再会をはさみながら、懐かしくも切ない青春の日々を回想するのだ。三〇年前、鮎子は高校入学と同時に東京から岡山に引っ越し、白鷺女子高校に通い始めた。けれども岡山弁の「でーれー」がよくわからないまま使い方を間違えて同級生にからかわれ、大人びた武美には「でーれー佐々岡」というあだ名をつけられた。

やがて鮎子と武美は親友になり、二人で「でーれーガールズ」を名乗る。ちなみに「でーれー」という岡山弁は「すごく」「ものすごい」「ひどい」といった意味で使う。このほかにも岡山弁は「程度の大きさ」を意味する言葉として、「ずど」「ほん」「ぶち」「ぼっけー」「もんげー」「ばんこ」「えっと」など多彩なラインナップを誇り、地域によって独特の表現領域が形成されている。

さて、本作の物語の展開はいささか安直で、転校、病気、友情と恋愛、ケンカと別れ、そして同窓会での再会など、学園ドラマのお約束がてんこ盛りになっている。中でも極め付きは鮎子がマンガに描く架空の恋人・ヒデ

宇野のごっちーガールズから挑戦状。
せーで……
なに、すん。
たまのの方面では『ごっちー』です。

ホ君（矢野聖人）だ。人気バンドのギタリストで神戸大学に通う美青年という赤面モノのキャラクター設定なのだが、鮎子の妄想の中で二人はいつも後楽園前の鶴見橋にいる。しかし橋の上で待ち合わせって、いったいいつの時代のメロドラマなんだよ。おまけに鮎子のマンガを読んだ武美がヒデホ君の存在を信じ、本気で彼に恋してしまう……ダメだ、こりゃ。

広がる二人の年齢差

高校時代の鮎子を演じた優希美青は役柄とほぼ同じ一五歳だったが、武美役の足立梨花はこの時すでに二一歳だ。いかにも子供っぽい鮎子とは対照的に、背が高くてスタイルも良く、かすかに茶髪、母親のスナックを手伝っていると噂される大人びた存在感は、この年齢差によって演出されている。そして三〇年後、鮎子は母校の教師になっていた武美に気がつかない。

武美からは**「やっちもねーなあ、でーれーガールズの顔も忘れたんかな」**と言われるが、苗字が変わっている上に、下の名前も偽名なのだから無理もない。**せーになんぼ親友じゃったゆうても三〇年会《お》うとらんのじゃけー、経年変化がでーれかろう。**いやいや、それ以前にどちらも高校時代とは別な女優が演じているのだから、むしろ分かる方がどうかしているぞ。

特に高校時代の武美は色白で柔らかな印象なのに、どこをどう経年変化させたらあんな風に鋭く男っぽい顔つきになるというのか。まさか心臓手術や結婚が原因という訳でもあるまい。まるで宝塚の男役みたいだと思っていたら、本当にそうでした。また再会した時点で二人は四五、六歳になっているはずだ。武美役の安藺は四三歳で妥当だが、鮎子役の白羽は三五歳と大きくサバを読んだ配役だ。ん？　高校時代よりさらに年齢差が広がっているではないか。

しかも鮎子は現役の女子高生から「おばさん」と呼ばれて不満顔を見せる。おいおい、いくら膝上ミニ姿でも四十代半ばならそれ以外の呼び方はありえないぞ。まさか「お姉さん」と呼ばれたかったと言い出すつもりではあるまいな？　もしそうだとすれば、ド厚かましいにも程がある。

岡山の青春グラフィティ

ここ数年、『君と１００回目の恋』、『８年越しの花嫁　奇跡の実話』（二〇一七）、『先生！　〜、好きになってもいいですか？』（二〇一七）、『ういらぶ。』（二〇一八）など、岡山ロケや岡山を舞台にした映画が相次いでいるが、つまみ食いロケや意味もなく岡山で撮られた作品には親しみも感じないし、たいていは出来もよくない。なんでもかんでもロケさえ誘致すればいいというものではないだろう。

本作も展開がありきたりで、わざとらしいカット割りや不自然な設定、街の時代感不足などが随所に見受けられる。おまけに旭川に架かる中橋の下をダンボールが流れてきて映画のタイトルになるシーンはあまりにも貧乏臭い。予算不足だったのか技量の問題なのかはわからないが、天下のホリプロが製作するアイドル映画なのだから、もう少しなんとかならなかったのだろうか。

けれども物語自体は、山口百恵のヒット曲と引退を時代背景にした岡山の青春グラフィティだから、地元でのオールロケには違和感がない。さすがに風景は当時とは様変わりしているものの、武美の義父役を除けば岡山弁もよくこなしていたと思う。特に三〇年後の同級生のひとりに扮した橋本昌子は、岡山のテレビ番組に出ていたこともあり、完璧な岡山弁を披露している。そのほか脚本の源孝志、助演の前野朋哉、甲本雅裕、桃瀬美咲も岡山出身だし、八百屋のオヤジに扮した大森岡山市長もよくお似合いでした。

そしてもう一人、岡山出身の作家・岩井志麻子が特別出演している。私も映画館では岩井と気がつかなかったが、久しぶりに岡山駅前に降り立ったヒロインにつきまとう変なおばさんの役だ。実は彼女もホリプロの所属で、同社のＨＰにはなんとセーラー服を着た岩井の写真が掲載されているではないか……**ぼっけぇ、きょうてぇ。**

DEE REE GIRL's BAR

久しぶりィ 元気そうじゃなぁ
なんせぇ わたしら でーれー ガールズじゃけん ねー。
ははは
同窓会
みなさーん、入れかわりに出た人もおるので自己紹介しましょう。
『小日向アユコ』こと 佐々岡鮎子です。
『秋本武美』ちゃん 実は荻原一子です。
オーナー店長の九十九《つくも》さんは来んの？
HOTEL
でーれーガールズバー柳町2丁目店同窓会
それがあんた白鷺高の現役女子高生を雇うてパクられてなぁ
ありゃまぁ

8話　宇野港で泣かされた藤純子

『女渡世人　おたの申します』

東映　一九七一年
監督　山下耕作
脚本　笠原和夫
撮影　山岸長樹
音楽　渡辺岳夫
出演　藤純子
菅原文太
島田正吾
金子信雄

東映任侠映画の全盛期、藤純子（現・富司純子）の凛とした美しさは、さしずめ渡世の闇に咲く一輪の白い花だった。一般に彼女の主演作としては「緋牡丹博徒」や「日本女侠伝」といったシリーズが有名で評価も高い。しかしここで取り上げるのは『女渡世人 おたの申します』（一九七一）という女侠客映画の隠れた名作だ。

本作は物語の主な舞台が大正時代の岡山県宇野港という設定で、岡山弁もふんだんに使われている。笠原和夫が脚本を書いて山下耕作が監督しており、筋立て、人間関係、台詞、構図、そしてキャストのすべてが緻密に計算されている。さすがは三島由紀夫が激賞した『博奕打ち 総長賭博』（一九六八）と同じコンビだ。**スキがねーけぇ、突っ込みにくうてかなわんがな。**

宇野にもハマコーがいた

上州小政こと太田まさ子（藤純子）は、一二歳で母に捨てられ、侠客である養父に育てられたという女渡世人だ。今は大阪・南田一家に身を寄せ、賭場の胴師を務めている。ある日、負けの込んだ客がドスを抜いて暴れ、まさ子に投げ飛ばされた挙句、南田の客分・

銀三（待田京介）に刺殺された。死ぬ間際、その客はまさ子に**「こらえてつかあさい」**とイカサマ呼ばわりを岡山弁で詫び、両親への伝言を託す。客が残した借金を自ら回収するため、まさ子は遺骨とともに船で宇野へと向かった。

船上では渡世人の清次郎（菅原文太）に出会って心惹かれるが、今の彼は渡り床という身の上だった。店も持たずに各地を流れ歩く理髪師となり、殺された弟の仇を探しているのだ。一方、賭場で殺された客の父・浜幸（島田正吾）は宇野で船宿を営んでいる。浜幸はかつての網元で、埋立てで海を追われた漁師たちの女房衆を住み込みで雇い入れ、今も親方として慕われる人格者だ。親不孝の放蕩息子が残した借金にも一切文句はつけず、船宿の権利證書を担保に金を工面してきれいに払ってくれる。

ただし、浜幸という名前はいかにも危ないぞ。かつて国会の暴れん坊と呼ばれ、ヤクザ出身を公言してはばからない武闘派議員として鳴らした故・ハマコー先生と同じではないか。本作の浜幸も九九パーセント温厚な人物なのだけれど、最後にはブチ切れて「ケンカなら買うちゃる」と悪玉に拳銃を突きつけ、逆に殺されてしまう。「名は体を表す」とはこのことだろうか。

沖に浮かぶのは六口島？

浜幸が金を借りた相手は、裏で新興ヤクザの瀧島組と手を組み、県の方針を受けて宇野に遊郭を作ろうと企んでいた。そのためには浜幸の船宿を立ち退かせる必要があるのだから、権利證書は願ってもない獲物だった。ちなみに瀧島に扮しているのは、後に「仁義なき戦い」シリーズで山守組長を好演する金子信雄だ。本作ではまだ山守ほどキャラは立っていないが、今見ると異常にもみ上げが長くて笑える。このもみ上げに匹敵するのは、ハワイ出身の元関脇・高見山かゴルゴ13に扮した千葉真一くらいのものだろう。

瀧島は玉地区に建設中の造船所工事を請負い、土木作業員を劣悪な環境で酷使しており、逃亡者にはリンチを加えていた。しかしその飯場の沖に見えるのは、象岩で知られる六口島ではないのか？ **せーなら玉じゃのうて倉敷の下津井じゃが。**映画評論家や一般の観客は騙せても、地元民の眼はごまかせないぞ。

調べてみると、ロケ協力には下津井の「鷲羽グランドホテル」がクレジットされており、飯場の背景として映し出されている海もホテルのあたりと推察される。また映画の始めの方で「宇野」という字幕とともに港の風景が映し出されるが、この映画が撮影された頃の宇野港は、すでにあんな素朴な漁港ではなかったはずだ。

ただし、この港の風景には見覚えがある。カメラの角度は少し違うが、前著『まぁ映画な、岡山じゃ県 2』の第13場で取り上げた若山富三郎主演の『極道罷り通る』（一九七二）にも同じ港の風景が登場していた。本作の物語は宇野や玉が舞台という設定ながら、どうやら実写風景は下津井だったに違いない。

女たちの罵声に涙する

さて、物語はクライマックスへと向かう。瀧島の悪辣さを知ったまさ子は、回収した借金を投げ出して浜幸を助けようとする。そこへ銀三が現れて恩を売るが、まさ子はその下心を見抜いて撥ねつけた。しかも銀三は清次郎が探し求める弟の仇だったのだ。ドスを抜いての決闘に敗れて清次郎に命乞いした銀三は、恥をかかされたまさ子への仕返しを企てる。瀧島と南田の兄弟盃を取り持った上で、まさ子には浜幸の死体引き取りと落とし前を要求

するのだ。

その場は怒りを抑えながら渡世の義理と掟に従って指を詰めるまさ子だが、最後は想いを通わせた清次郎と二人で悪玉一味に斬り込む。もともと世間には顔向けのできない日陰の身だが、こうして義理ある南田に歯向かう以上、もはや稼業の世界にも居場所はない。血を浴び、傷つき、恋人を失った彼女をかろうじて救うのは、浜幸の盲目の妻・おしの（三益愛子）だった。

二人は一緒に金比羅参りをするなど、お互いに本当の母娘のような感情が芽生えている。ここで母に捨てられたというまさ子の身の上が効いてくる仕掛けだ。しかもおしのを演じる三益愛子は、一九四〇年代末から五〇年代にかけて、大映の「母モノ」映画で数多くの母親役を演じた女優だ。そんな背景を持つ「母」の愛が細い蜘蛛の糸となって、修羅地獄に堕ちたまさ子に届く。

だがそれを見守る浜幸配下の女房衆の視線は冷たい。最初はまさ子を歓迎し、**「あんたぼっこうきれいじゃけど、芸者さんかね」**などと言っていた女房衆だが、やがてまさ子の正体を知る。そして浜幸に禍をもたらしたまさ子を憎むのだ。まさ子が燃え上がる炎に飛び込んで赤ん坊を助けた時も「放せ、このバカ」と罵声を浴びせ、赤ん坊を奪い取っていた。**きちぃのう。**さすがのまさ子もこれには耐え切れずに嗚咽を漏らしてしまう。本作は女侠客モノの傑作としてだけでなく、藤純子が宇野港で指を詰め、かつ罵声を浴びて泣いた映画として、後世に名を残すことになりますな。

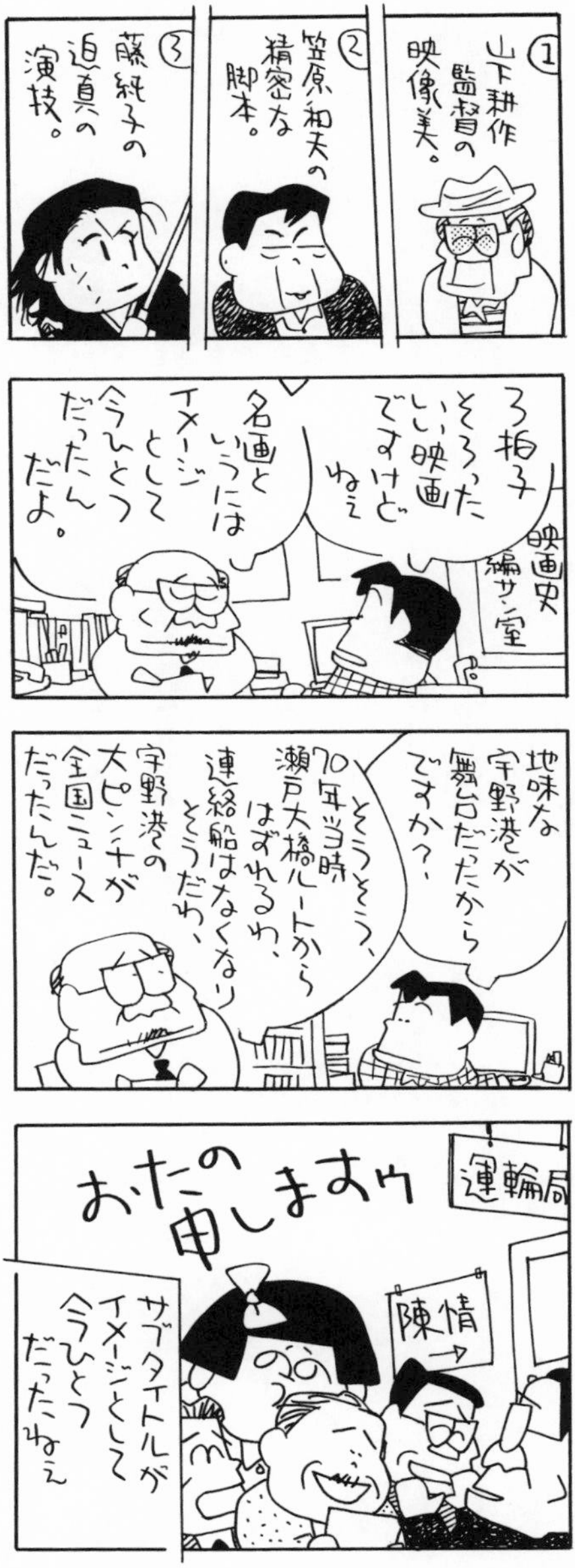
①山下耕作監督の映像美。
②笠原和夫の精密な脚本。
③藤純子の迫真の演技。
映画史編サン室
3拍子そろったいい映画ですけどねえ
名画というにはイメージとして今ひとつだったんだよ。
地味な宇野港が舞台だったからですか？
そうそう、70年当時瀬戸大橋ルートからはずれるわ、連絡船はなくなりそうだわ、宇野港の大ピンチが全国ニュースだったんだ。
運輸局
おたの申しますゥ
陳情→
サブタイトルがイメージとして今ひとつだったねえ

『女世渡人
おたの申しまする』
イテテ

9話　高杉くん、Ｙｏｕは何しに上海へ？

『狼火は上海に揚る』＊中国語題名『春江遺恨』

大映　一九四四年
監督　稲垣浩
脚本　八尋不二
撮影　青島順一郎
音楽　西梧郎
出演　阪東妻三郎
梅憙
李麗華
石黒達也
月形龍之介

本作は「春江遺恨」という中国語の題名を持つ日華合作映画だ。ただし軍国日本が中国大陸を侵略していた日中戦争末期の上海で長期ロケが行われており、日支友好を謳いながら、実質的には日本側の国策に沿った露骨なプロパガンダ映画となっている。タイトルがなんとも大げさなのはそのためだ。

また現在はフィルムの第一巻が失われているため、江戸幕府の使節一行を乗せた千歳丸が上海に入港する場面からしか観ることができない。ちなみにタイトルの「狼火」という言葉が「のろし」を意味するのは、昔の中国で合図の煙を揚げる際に、狼の糞を混ぜて燃やしていたことに由来するらしい。やはり日本語には中国からの影響が濃いですな。

海外旅行で舞い上がる

江戸末期、長州藩（山口県）の高杉晋作（阪東妻三郎）は幕府使節の一員として、清国の上海に渡る。当時の清国はイギリスが仕掛けたアヘン戦争に敗れて欧米の侵略を受け、国内ではキリスト教徒による太平天国の乱が勃発していた。内患外憂の不安定な政情の中で使節一行は歓迎され、宿に戻った晋作らは王瑛（李麗華）という美人の接待に鼻の下を伸ばす。しかも彼女は長崎に住んでいたことがあり、日本語がぺらぺらだった。**ぼっこう都合のええ話じゃのう。**

さて、街に出かけて軸物などを買い込んでいた晋作は、後をつけてきた男と娘に呼び止められて硯を買う。おいおい、そんな買い方で大丈夫なのかよ。ニセモノかも知れないし、盗品の危険だってあるぞ。おまけに値切るどころか、勘違いして言い値より高く払う始末。これではお上りさんのカモネギ野郎だぜ。どうやら晋作も攘夷派だなどと言いながら、初めての海外旅行ですっかり舞い上がっているようだ。

さらに晋作は政府軍に追われる男に声をかけ、自分の宿に招き入れて匿う。だがその男は太平天国軍の幹部なのだから、訪問使節の身でそんなことをしたら外交問題になりかねない。あまりにも軽率だぞ、晋作。しかも男は晋作が硯を買った娘の兄・沈翼周（梅憙）だった。上海は大都会なのに狭い、狭過ぎる！

太平天国軍は腐敗した清国政府を倒すために、同じキリスト教徒の米英を当てにしている。これを危惧した晋作は鬼畜米英を説き、通訳を務める王瑛も晋作に共鳴して、一緒になって沈を説き伏せようとする。中国大陸を舞台にした戦時下の国策映画では、しばしば中国人女性が日本人男性に好意を寄せるという形で日本の立場が正当化されていたが、本作もまさにそのパターンだ。

それにしても映画に登場する英国人役の俳優はいずれも訛りが強い。カメラ助手として上海ロケに参加した岡崎宏三によれば、さすがに敵国の米英人はキャスティングできなかったため、上海にいた亡命ロシア人やトルコ人を出演させてごまかしたのだという。たしかに出演者の名前を見ると、オルロフやセリバノフ、ロゼストペンスキーなどとなっている。そう言えば本書の1話で取り上げた『鞍馬天狗』でも、配役にはロシア系の名前が並んでいた。まったく、見た目が白人なら誰でもいいのかいっ！

陸上練習船「びぜん丸」

やがて太平天国軍は上海入城を果たすが、アヘンを取り締まろうとして英国と利害が対立し、裏切りに遭う。沈の実家も英兵の襲撃を受けて焼かれ、老父は射殺された。沈の妹にも英兵の魔の手が伸びる。そこへ晋作が駆けつけて抜刀一閃かと思いきや、沈の妹と婚約者を助けて英兵を斬り捨てるのは、使節仲間の佐賀藩士・中牟田だけでした。ちなみにこの中牟田に扮しているのは岡山一中出身の石黒達也だ。

では晋作はいったいどこで何をしていたのか？　彼は美人の王瑛と二人で戦火の跡や野原をさまよい、太平天国軍の本営を探し歩いていたのだ。軸物や硯を買い漁り、見知らぬ男を連れ込んで議論を吹っかけ、女連れで戦場へ出かける……晋作は上海でろくなことをやっていないぞ。そして今や太平天国軍の将軍となった沈と再会し、握手しながら共に米英と戦おうと誓い合う。まさしく時局迎合の極みと言うべき展開だが、お互いに言葉が通じている訳ではない。

ところで、本作の撮影は上海だけで終わらず、日本に帰国してから京都でも行われている。さらに千歳丸の船上の場面は岡山でロケしたものだ。当時の児島にあった海員養成所が練習用の陸上帆船・びぜん丸を所有しており、撮影にはそれが使われたそうだ。一九四四年九月二四日の『合同新聞』によれば、大スターのバンツマこと阪東妻三郎や月形龍之介を含む四〇名のスタッフ・キャストが来県したという。

ロケが行われた場所は、現在のＪＲ瀬戸大橋線児島駅の東側にある。児島海員養成所の跡地付近には、元衆議院議長や運輸大臣の揮毫《きごう》による立派な石碑が二つも建立されている

が、びぜん丸の後継船は錆びた姿で放置されたままだ。下津井や児島が舞台となったアニメ『ひるね姫 ～知らないワタシの物語～』（二〇一七）のロケ地マップを作るのもいいが、**本作のロケ記念碑ぐれーは建ててーても罰は当たらまあ。**

バンツマ、「岡山」を名乗る

さらに主演の阪東妻三郎は、本作の直後にも再び岡山ロケに来ている。広島・宇品港の築港に尽した広島県令・千田貞暁の伝記映画『生ける椅子』（一九四五）の撮影でのことだ。バンツマがその千田に扮して玉野市八浜ほかでロケが行われ、月形龍之介や高峰三枝子が共演している。

だがバンツマと岡山の縁はもっと深くて古いことをご存知だろうか。岡山には本妻・静子（旧姓は古市）の親族がいたし、一九二九年頃から約五年にわたってバンツマの専属監督を務めた東隆史は、岡山県立商業学校（現・岡山東商業）の出身だった。サイレント時代に東が手がけたバンツマ主演作品は二〇本近くに上る。バンツマは一時期、千葉に独立プロの撮影所を構えたことがあるが、その第一作『洛陽　餓ゆ』（一九三一）を監督したのも東だ。もっとも撮影現場では大スターのバンツマに全権があり、東はその意を汲んで撮影を進行する立場だった。

そしてちょうどその時期に、バンツマ自身が監督としてクレジットされた映画が三本確認できる。しかも監督として使った名義は「岡山俊太郎」だった。岡山出身の東にちなんだものか、それとも静子の親族が岡山にいたためか、あるいはほかにもっと別な理由があったのだろうか。

『小火《ボヤ》は上海に揚る』

上海市庁
国策映画局
日本の映画製作会社です。
なんだと？かつての日帝のこんなプロパガンダ映画をリメークしろ、と言うのか。
いや、局長。
この『狼火上海』ではアメリカを敵として中日人民がアジア復興のため協力します。
ここだけのハナシ、一帯一路は八紘一宇だし、AIIB（アジアインフラ投資銀行）は大東亜共栄圏ですよね。
まぁな。
これをベースにアレンジすれば格安で国威発揚映画が作れます。
ふーん。
企画
すでに岡山カントクと中古船『びぜん丸』とおさえてあります。
狼火は南海に揚る
アメリカ軍が来たぞー！
モク
モク
モク
南シナ海
口車にのせられた責任者が失脚したことは言うまでもない！

10話　文芸映画の名匠が手がけた足フェチ映画

『麦笛』

東宝　一九五五年
監督　豊田四郎
脚本　豊田四郎
　　　池田一朗
原作　室生犀星
撮影　三浦光雄
音楽　団伊玖磨
出演　久保明
　　　太刀川洋一
　　　青山京子
　　　越路吹雪
　　　志村喬

この映画は室生犀星の自伝的小説『性に眼覚める頃』が原作で、本来の舞台は犀星が生まれ育った北陸の古都・金沢だ。時代も日露戦争の直後という設定だったが、映画ではそれが大正中期の倉敷に置き換えられ、白壁と掘割の街並みや鶴形山、酒津、連島の篦取《へらとり》神社など倉敷各地でロケが行われた。

倉敷では「ロケ隊歓迎」の吹き流しをつけたセスナ機を飛ばし、ロケ隊が滞在した旅館には連日大勢の見物客が押しかけたそうだ。また駅前のパチンコ店はロケ隊の貸し切りにして出血大サービスを行ったという。けれども本作はビデオもＤＶＤも発売されておらず、地元倉敷ですらほとんど知られていない。映画ロケに対する人々の興味は一過性のものであり、すぐに忘れられてしまうものらしい。残念なことだが肝に銘じておこう。

ムダめし食いの主人公たち

松山寺の住職の息子・伸夫（久保明）は一七歳だが、学校に通っている訳でもなければ仕事にも就いておらず、かといって修行して寺の跡を継ぐ気もない。詩を書いて文芸誌に投稿しながら漠然と暮らし、やることと言えば父親の金をくすねるか犬を散歩に連れて行くのが関の山というムダめし食いだ。
姉が嫁入りして淋しさを隠せない伸夫は、詩作仲間の表（太刀川洋一）に向かって、姉には別に好きな人がいたのに嫁入りが決まると嬉しそうにしていた、と不信を訴える。すると表は「女なんてみんなそうさ」と生意気な口を利く。髪結いの母を持つ表は、女に囲まれて育ったせいで早熟だ。対照的に奥手の伸夫は、表の姉や髪結い客に囲まれて花札をするうちに、女の匂いに興奮したのか鼻血を出してしまう始末だ。

そのままぼーっとして寺に戻ると、お玉（青山京子）が犬に吠えられて鐘楼の階段に逃げ上った。着物の裾からのぞくお玉の素足に目がくぎ付けになる伸夫……性に目覚めたら、いきなりフェティッシュな世界が広がっていました。かの小津安二郎監督は自作の中でさりげなく女の足の裏に執着したが、文芸映画の名匠・豊田四郎監督は本作でストレートに足フェチの世界

を展開しているぞ。

お玉は権現さんの茶屋の娘で、表の恋人だった。仲夫と同じくムダめし食いでかつ女たらしでもある表は、茶屋に行くといつも真昼間からお玉のおごりでビールを飲んでいる。**こねーな穀つぶしやこー、誰《でー》かぶっしゃげちゃらにゃあおえん。**そう思っていたら、阿知座での芝居見物の場面で、後ろの席にいたヒゲ親爺が「うるせえな！」と表の頭を叩いてくれたぞ。

鶴形山の決闘

お玉に惹かれる気持ちを持てあます仲夫は、いつも怒ったような顔をしている。下駄の鼻緒が切れたお玉に手拭いを投げ、膝枕でいちゃつく表とお玉に嫉妬してプイッと帰り、芝居小屋でほかの女をナンパする表に腹を立て、いきなり決闘状を送り付ける。仲夫が父の短剣を懐に忍ばせて約束の鶴形山に行くと、そこには表ではなくお玉が待っていた。余談ながら、この時社叢に響く「ギャーギャー」という鳥の啼き声は、東宝特撮映画に出てくる熱帯ジャングルの効果音と同じですな。

それはともかく、お玉との押し問答の末に、仲夫は表との絶交を告げる。あー、もう面倒くさい奴だ。絶交なんて言い出すのは、世間知らずの甘ったれか自己中心的ではた迷惑なボンクラと相場が決まっている。また「何さ、膝枕ぐらい」というお玉のセリフも聞き捨てならない。この女、へちゃむくれで大根足のくせに（失礼！　あくまでも役の上での話です）、どうやら二人の男を手玉に取ろうという魂胆らしい。ちなみに本作でお玉に扮した青山京子は、後に小林旭と結婚している。旭は浅丘ルリ子との同棲、美空ひばりとの事実婚を経て、最後は青山にたどり着いたのだ。

さらに伸夫は寺の賽銭を盗むお松（越路吹雪）の妖艶さにも魅入られる。お松が落としたハンカチの匂いを嗅ぎ、階段下に潜んで彼女の素足を陶然と眺める。しかもお松を自宅まで尾行し、玄関に侵入して彼女の下駄を片方盗み、それを返そうとして見とがめられると短剣を振りかざす。そして再び賽銭を盗んだお松を捕まえて押し倒すものの、結局は「弱虫」と嘲られて終わる。覗きにストーカー、家宅侵入、窃盗、傷害未遂、暴行未遂と犯罪行為の連続だ。まったく伸夫ってヤツは……。

吹雪の瀬戸内海で愛を叫ぶ？

けれども警察に捕まるのは伸夫ではなく、表の方だった。娘たちに付け文してナンパする不良行為が訴えられたのだ。警察の呼び出しで事情を聴かれた仲夫は、表の詩才を力説して弁護する。それにしてもこの時の署内の描写が素晴らしい。正座させられた全身入れ墨の兄ちゃんが警官に何度も殴られ、ビクつきながら土下座して謝っている。ほかにも殴られている男や、引き立てられる男がいて、ビビりまくる仲夫に事情を聴くのが好々爺然とした左卜全だ。あんな署内で卜全みたいな警官が相手なら、誰だってなんでもゲロするに違いない。日本の警察が誇る「地獄で仏」システムである。

仲夫の弁護が功を奏して釈放された表は、ほどなく肺結核に倒れてしまう。自分が死んだらお玉を引き受けてくれと頼まれた仲夫は、毎日のように二人の連絡役を務める。ムダめし食いの本領発揮である。この時お玉を訪ねる場面は連島の箆取神社で撮影されており、遠くに見えるのは高梁川河口の干潟だろうか。また美術のスタッフとして倉敷ロケに参加した鈴木一八の『映画裏方ばなし』によれば、セットとして建てられた「お玉の茶屋」は、撮影が終わってからそのまま神社に奉納されている。倉敷市が保存したいと申し入れたそうだが、その後はどうなったのだろう?

表が死んだ後、仲夫とお玉は軽便鉄道で海辺の墓に参る。だがこの日の海は大荒れだ。まるで冬の日本海のような荒波が打ち寄せ、猛吹雪で何も見えない。**でーれー瀬戸内海があったもんじゃや。**もう家には帰らない、と言うお玉は仲夫にしがみついてキスする。けれども伸夫は彼女を突き放し、海に向かって何度も叫ぶ。

「表！　表ーっ！」

迂闊であった。伸夫の本命はそっちだったのか。

『ライ麦笛畑でつかまえて』

11話　長谷川一夫の主役には無理が多過ぎる

『花の講道館』

大映　一九五三年
監督　森一生
脚本　八尋不二
原作　村松梢風
撮影　牧田行正
音楽　大久保徳二郎
出演　長谷川一夫
山本富士子
木暮実千代
田崎潤
菅井一郎

一九五〇年代から六〇年代にかけて柔道映画のブームがあった。ちょうどGHQによる占領統治から主権を回復した日本が、戦後の経済発展を迎える時期と重なっている。岡山市出身の天才柔道家として知られる永岡秀一十段をモデルにした『花の講道館』(一九五三)は、この柔道映画ブームの先駆けとなった作品だ。

物語は倉敷の道場で起倒流柔術を学ぶ三島英之(長谷川一夫)が、師匠の勧めで講道館に入門してその頂点を極めるというもので、村松梢風が『読売新聞』に連載した小説が原作となっている。本作のロケでも撮影に支障をきたすほどの見物客が集まっているが、そのお目当てのひとつが第一回ミス日本の山本富士子だった。この年に大映に入社したばかりの山本は、本作で女優としての第一歩を踏み出したのだ。

日本一の美女の入浴シーン

柔道の練習風景を配したタイトルバックが終わると、映画は起倒流野田道場の一人娘・お光(山本富士子)が、夜道で暴漢を鮮やかに投げ飛ばすシーンから始まる。場所は倉敷美観地区の中橋あたりだ。当時二一歳の山本はハツラツとした演技で好感が持てるが、対する相手役の長谷川一夫はいかがなものか。**なんぼ倉敷が白壁の町じゃ言うても、白塗りの柔術家はねーじゃろう。**

化粧や言葉遣いで懸命に若作りしている長谷川だが、当時すでに四五歳、初々しい山本の相手役としてはかなり無理があった。長谷川はむしろ師匠役の菅井一郎と同年配ではないか。しかも監督した森一生の『森一生映画旅』によれば、長谷川が勝手に演技指導して山本に変な癖をつけてしまい、素直に行こうという思惑がはずれたという。

長谷川が演じる英之はいい歳をして女心のわからない唐変木だ。お光が自分に寄せる思いには気がつかないまま、しょっちゅう口ゲンカばかりしている。師匠の野田からお光との仲直りを命じられて素直に従うのはいいが、いきなり風呂場へ行って彼女の入浴中に窓から顔を出すというデリカシーのなさ。

さらにお光に「あっちへ行って」と怒られると「なぜですか」と不満顔で、「お嬢さんの裸なんて珍しくもないや」と減らず口をたたく。ん？ もしかして英之はいつもお光の裸を覗いているのか？ それにしてもこの場面、「日本一の美女」の入浴シーンという森一生監督のサービス精神はわかるが、**そりゃあおえまー。**そもそも若い女が、いや失礼、若くない女も、窓を開け放しにして風呂に入るかよ。

しかも野田が成長を楽しみにしているというわりには、英之はあまり柔道が強くない。

女のお光が相手だとポンポン投げ飛ばすものの、手合わせに来た講道館の馬場（石黒達也）にはまったく歯が立たない。仮にも中国地方でその名を知られた野田道場の一番弟子としては物足りないぞ。

情けない柔道家

講道館の強さを目のあたりにした野田は英之を馬場に預け、五段になるまで帰って来るな、と申し渡す。師匠の期待を背に上京した英之は第一人者の大山七段に師事し、野田の言いつけ通り柔道に打ち込んで順調に昇段を重ねた。三年後には四段となり、ライバルの木村四段（田崎潤）とともに次代のホープと目されるまでに成長する。

その一方で英之は、女浄瑠璃の人気太夫・お京（木暮実千代）といい仲になっていた。彼女は言わば芸能界の大スターだ。女に免疫のない田舎者の英之はたちまち骨抜きにされてしまう。いつしか練習にも身が入らなくなり、ヒモ同然の男に成り下がるのだ。酔いつぶれてお京に介抱され、膝枕に甘える姿や、どうせボクなんかとすねる姿は、柔道家としてちょっと情けない。

そうこうするうちに、倉敷では病床にあった師匠の野田が死んで家屋敷も人手に渡るが、お光は英之の精進の邪魔にならないよう、そのことを伝えなかった。大山や馬場は英之を立ち直らせるために動き、お京にも頭を下げる。英之に対する周囲の大きな期待と彼自身の苦悩を知ったお京は身を引く決意をした。**皆《みな》がでーれー気ぃ遣うてくれとんのに、英之、お前《めー》ーはなんしょんなら。**

いったいなぜ勝てるのか？

心を入れ替えて練習に復帰した英之は、鏡開きの大一番で木村と対戦する。勝った方が事実上の日本一で、五段昇進も間違いない。お京に惚れていた木村は恋の恨みも晴らそうと闘争心むき出しで、得意の寝技や絞め技を次々にくり出してくる。それをなんとかしのいだ英之は、最後に逆転の投げ技を決めて勝利する……いやいや、どう見ても木村の方が強いでしょ。何しろ英之はろくに練習していなかった訳だし、しかも木村役の田崎潤がどこかで練習していたのか、本気で柔道をやっているのに対し、及び腰の長谷川は体つきもぷよぷよとしていて締まりがない。

勝った英之は、上京してきたお光から野田の死を知らされて愕然とするが、その姿を目に止めて人知れず立ち去るお京には気づかぬままだ。さすがは唐変木である。たぶん英之はこの後お光と結婚して、のほほんと暮らすのだろう。

　本作のロケは倉敷美観地区で行われたほか、上京する英之の汽車をお光が見送るシーンが旧井笠鉄道の吉田駅付近で撮影されている。また本作は一〇年後に『近世名勝負物語　花の講道館』（一九六三）としてリメイクされ、岡山出身の本郷功次郎が主演した。こちらは未見だが、本郷はこの時二十代半ばで柔道の有段者だったから、長谷川のように役柄とのミスマッチは生じなかったに違いない。

設定が『起倒流』というのは私が頭デッカチで投げられると起き上がりコボシみたいだからですかカントク。
長さんちがうから。

長谷川くん、君に表町商店街のスーパーマーケットあとの購道館岡山道場をまかせる。

えっ しかし加納先生 なぜ わたしに。

頭でっかちでぷよぷよの中年太りでおよそ柔道家には見えないからだ。

?

ハァ
我々は結果にコミットする!

そんな君が道場主に抜テキされたとあれば大いなる『ビフォア アフター』としてアピールするだろう!!

ザクザク弟子を集めます!

購道館柔道丸投げ技68手のうち
口車。

腰車ですよ。


『花の購道館』

12話　勝手に松之助の伝記映画を構想してみた

『松ちゃんの泥芝居一代記』

尾上松之助
本名　中村鶴三
一八七五年岡山生まれ
一九二六年京都に没す
主な現存作品
『忠臣蔵』（一九一〇）
『豪傑児雷也』（一九二一）
『渋川伴五郎』（一九二二）

郷土岡山が生んだ映画人は内田吐夢、三村伸太郎から志保美悦子、オダギリ・ジョー、桜井日奈子まで数え切れないほどいるが、その中でも飛び抜けて偉大な存在が尾上松之助《おのえまつのすけ》だ。日本映画一二〇年の歴史の中でも、松之助を超える国民的スターは出ていない。チャンバラ映画や忍術映画の元祖として老若男女に親しまれ、生涯の主演作は一〇〇〇本を超えるとも言われる。誰かが本当に数えたのかどうかは知らないが、まさに唯一無比の存在なのだ。**せーのに岡山にゃあ生家跡の案内板《あんねーばん》のひとつもありゃあせんがな。**それどころか生誕地である西中島の保存すら雲行きが怪しい。ということで、今回は松之助の伝記映画を勝手にでっち上げてみよう。題して『松ちゃんの泥芝居一代記』（公開未定）。

「ケチ松」と呼ばれた男

物語は明治二七（一八九四）年の北九州から始まる。日清戦争が始まって芝居小屋には閑古鳥が鳴き、松之助一座は宿代も払えない有様だ。関門海峡を渡った山口でも興行はふるわず、芝居道具も冬用の着物も売り払ってしまった。着の身着のままで震える老母や弟妹を抱き寄せる松之助。無精ひげのやつれた頬に一筋の涙が流れ、故郷・岡山の懐かしい情景がオーバーラップする。
岡山城の天守を背景ににぎわう京橋界隈。旭川を行き交う無数の舟。松之助の父が貸座敷を営む西中島には、三味線や小唄が流れ、女たちの嬌声が響いている。雪の積もった京橋を渡って遊芸の師匠のもとへ通う幼い松之助。旭川の川原で仲間と相撲を取る松之助。西中島の旭座で子ども芝居の舞台に立つ松之助。その手、その足元、そして顔のアップ。

こんめーおりからぼっこう顔がでけーのう。

やがて松之助は岡山城下の上之町にある呉服屋へ奉公に出されたが、それでも芝居への思いは断ちがたい。毎日朝早くからの辛い丁稚奉公の間も、脳裏に浮かぶのは芝居のことばかり。やがて思い余った松之助は岡山を飛び出して、関西のとある一座に身を置いた。この時神戸まで迎えに来た父は、いったん松之助を岡山に連れて帰る。そしてどうしても芝居役者になりたいという松之助の決意を確かめると、一人前になるまでは決して帰って来るな、家の敷居をまたぐなと申し渡して送り出した。

以来、父の言葉を胸にがんばってきたが、その父もすでに亡い。山口の田舎でいよいよ進退窮まった松之助一家に、近在の豪農が救いの手を差しのべてくれた。松之助が生涯質素に徹したのは、この時のどん底経験があったからだ。金に細かい「ケチ松」と陰口をたたかれたが、それはおこぼれを狙う輩の逆恨みに過ぎない。後年、松之助は京都の福祉事業に多大な貢献をしており、京都市の鴨川公園には松之助の胸像が建てられている。

歌舞伎から映画へ

やがて関西ではそれなりに名前も売れて、二八歳の時に「二代目・尾上松之助」を襲名する。そんなある日、大阪・繁栄座の客席から、舞台狭しと跳びはねる松之助の動きを熱心に見つめている男がいた。角刈りで痩せぎすだが眼光は鋭い。後に「日本映画の父」と呼ばれる京都の牧野省三だった。松之助の映画出演については、金光教の信者だった牧野が教団本部に詣でる途中に、玉島で松之助の芝居を観たのがきっかけだ、とする説もある。玉島なら甕港座《おうこうざ》（後の玉映）の可能性が高い。岡山県民としては大いに支持したい説だが、当時の芝居番付でも出てこない限り裏付けをとるのは難しい。

やがて牧野は自らが経営する京都・千本座に松之助を招く。松之助で映画を撮れば、身軽な動きが大衆受けすると睨んだのだ。しかも巨顔短躯だからフレームにも収まりがよい。まだクローズアップなどの技法がない時代だった。人間、何が幸いするかわからない。けれども松之助はためらった。もちろんこのまま歌舞伎役者を続けても、ドサ回りのスターが関の山だ。一流になれるのは限られた家柄の役者だけという世襲の世界なのだ。

ただ当時の映画は地位が低く、歌舞伎の世界からは地べたで演じる「泥芝居」と蔑まれていた。このまま二流の歌舞伎役者として終わるのか、それとも映画の可能性に賭けてみるのか。松之助は牧野の熱意に心動かされた。そして千本座の裏にある大超寺で、最初の松之助映画「碁盤忠信《ごばんただのぶ》 源氏礎《げんじいしずえ》」が撮影される。この時松之助はすでに三四歳だった。

主役はあのピン芸人で決定

次々に新作を撮る牧野＝松之助コンビ。最盛期には月に九本も撮っている。松之助を見出した牧野の目は確かだった。松之助は児雷也、次郎長、鞍馬天狗などあらゆるヒーローを演じ、時には一人三役ということもあった。左右非対称の目の動きがギョロリと印象的で、「目玉の松ちゃん」という愛称が定着し、総理大臣の名前は知らなくても松之助を知らない人はいないとまで言われる人気ぶりだった。

松之助は肉襦袢姿で相撲取りにも扮した。**女装の写真も残っとるけど、化け物《もん》みてーになっとりんさるで。**そして松之助一生一代の晴れ舞台は、一九二一年一二月八日にやってくる。摂政宮（後の昭和天皇）の前で楠木正成父子の別れの場を実演撮影し、なんとご落涙を誘ったのだ。この時の実演場面は映画として撮影されており、そのフィルムは国の重要文化財に指定されている。

晩年はさすがに松之助人気も衰えて、歌舞伎風の形式的な立ち回りも時代遅れとなる。リアルで動きの激しいスタイルが生まれ、新たなチャンバラ劇スターとして阪東妻三郎が台頭していた。それでも郷里岡山の後楽園で凱旋ロケを行った一〇〇〇本記念作品『荒木又右衛門』（一九二五）は、日活の観客動員記録を打ち立てる。そして翌一九二六年に病没。五万人が弔問に訪れたと言われる日活社葬の場面で、『松ちゃんの泥芝居一代記』はエンドマーク、全巻の終わりとなる。

できればサイレントで撮りたいこの映画、主役の俳優が問題だ。果たして今どき松之助にぴったりの俳優がいるだろうか？　そう思って資料を見ていると、タキシードを着た松之助の写真が目に留まった。おお、黄色いタキシードのピン芸人・ダンディ坂野に似ているではないか。松之助役を演じるのは彼しかいないぞ。ゲッツ！……古いっ。

でっちあげが
映画化される
とは思わん
かった。
聞いた時は
目をむいた。
松ちゃんの
泥芝居一代記

楽屋
尾上
松
1001本目の映画じゃが松之助さん、次郎長、黄門、大石内蔵助とあらゆる著名人を演じてきた尾上松之助がまだやっとらん人物がひとりおる。
わかった！
わしじゃな。
そう、わしだよ！
松之助が松之助、つまりわしがわしを演じる究極の伝記映画の『松ちゃんの泥芝居一代記』！1001本目にふさわしいがな。
いや、わしだよ。
だからわしだろ？
？
郷土が生んだ名関脇
鷲羽《わしゅう》山《やま》
なんでそんな地味な映画が1001本目やねん！

『大目玉の松っちゃん』

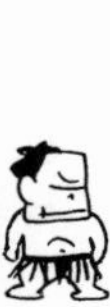

13話　君の肝臓を食べたい？

『カンゾー先生』

今村プロほか　一九九八年
監督　今村昌平
脚本　今村昌平
　　　天願大介
原作　坂口安吾
撮影　小松原茂
音楽　山下洋輔
　　　栗山和樹
出演　柄本明
　　　麻生久美子
　　　世良公則
　　　唐十郎
　　　松坂慶子

若い頃から大食漢で、どんぶり飯を二杯たいらげていたという「イマヘイ」こと今村昌平は、監督としてもスケールの大きな問題作を撮り続けた。映画自体も尺の長いものが多く、三時間近い『神々の深き欲望』（一九六八）では、上映途中に休憩時間がはさまれていた。今回取り上げる『カンゾー先生』（一九九八）も、最初の編集では三時間を超えていたらしい。公開版は一二九分だから、全体の三分の一ほどがカットされたことになる。

本作にはところどころ話が繋がらない部分やわかりにくい箇所があるが、それはこの大幅なカットが原因なのかも知れない。しかしどうせならラストのクジラとキノコ雲の部分を削ってほしかった。クジラの作り物には数千万円かけたそうだが、それに見合うほどのシーンにはなっていないし、広島に投下された原爆のキノコ雲も、なんだか取ってつけたような印象だ。

町医者と淫売娘

主人公の赤城風雨（柄本明）は、精錬所の煙突がそびえる瀬戸内海の小さな港町の町医者だ。五年前に妻を亡くし、跡継ぎの一人息子は軍医として満州に出征している。「開業医は足だ」という家訓に従い、往診に走り回る風雨のことを、町の人々は「カンゾー先生」と呼んでいた。治療費が払えない貧乏人も診てくれるが、誰にでも「君の肝臓を食べたい」と言うからだ……えっ？　違う違う、それは別な監督が最近撮った映画のタイトルだ。**風雨はそねーなこたぁ言ゃあせん、誰《でー》にでも肝臓炎いう診断するけーじゃった。**

そんな風雨のところに、「淫売」をしていた若い娘・ソノ子（麻生久美子）が看護婦見習いとして預けられる。夫が出征中のソノ子は、遊郭にいた母の**「タダマンはおえん」**という教えを守り、両親に代わって幼い弟妹を養うために売春をしていたのだ。漁師の娘らしく日焼けしたソノ子役の麻生は、本作に抜擢されて一躍人気女優となっている。

肝臓炎の治療にはブドウ糖が欠かせない。貴重なブドウ糖の使い過ぎを批判する岡山連隊の軍医部長に対して、風雨は肝臓炎撲滅の必要性を主張した。やがて顕微鏡を手に入れた風雨は、寝食も忘れて肝臓炎の研究に没頭し始める。その姿にソノ子は**「先生はえれー人じゃ」**と、年の差を越えて惹かれるのだが、この二人の組み合わせには、自分の両親に対するイマヘイの想いが重ねられている。彼の父は金もうけが下手な東京の町医者で、母は小樽の漁師の娘だったのだ。

新鮮な肝臓が欲しい

すでに太平洋戦争も末期で、ラジオからは水島空襲のニュースが流れ、風雨の息子も戦病死する。風雨とソノ子のまわりには、モルヒネ中毒の外科医・鳥海（世良公則）や四人目の若い妻を迎えたアル中の和尚（唐十郎）、鳥海に惚れている料亭の女将（松坂慶子）といった面々がいて、戦時下の民衆の悲喜劇がくり広げられる。

ある日風雨が東京出張から戻ると、精錬所から捕虜が脱走して日比の町には厳戒体制が敷かれていた。ところがソノ子は、その捕虜を連れ帰って匿っている。

「捕虜なぁ、二階に入院させた。健康保険証は持っとらん」

あっけらかんと言うソノ子に唖然としつつも、風雨は捕虜の傷を手当てしてやる。捕虜はオランダ兵で本職はカメラ技師だった。映画館から映写用のアークランプを譲り受けた風雨は、捕虜に顕微鏡を調整してもらう。あとは新鮮な肝臓炎の標本を入手するだけだ。

そこで風雨は往診先の死にかけている男の耳元で「君の肝臓を食べたい」……くどいっ、医学のために協力してくれと頼む。了解した患者は、自分が死んだら通夜をせずに腹を冷やしてすぐ埋葬するよう家族に言い遺す。家族は不思議に思いながら患者の遺言に従うのだが、このあたりがイマヘイの得意とする重喜劇というやつだ。話は深刻なのにどこか滑稽さが漂い、笑いを誘う。

その夜、風雨たちは墓を掘って遺体を運び、鳥海がメスで肝臓を摘出した。風雨がそれをすり潰して標本を作り、ウィルスの正体を突き止めたかと思ったところへ、憲兵隊が踏み込んで来る。厳しい取調べと暴行を受けて釈放された風雨は再び研究に取り組むが、夢中になるあまり往診がおろそかになってしまう。一人の患者の死をきっかけに風雨は顕微鏡を捨て、一介の町医者に徹すると心に決めた。ソノ子はそんな風雨にクジラを食べさせようと単身銛を持って挑む。

舞台は玉野市日比

当初風雨役には三國連太郎が起用されていたが、クランクイン直後に体調不良で降板している。そこで急遽、鳥海役だった柄本明が主役に昇格し、鳥海役として新たに世良公則が呼ばれたらしい。世良は世良なりにがんばってはいるが、年齢もヘアースタイルも含めて役不足は否めない。原作は坂口安吾の短編『肝臓先生』で、映画はそこに『行雲流水』というもうひとつの短編を組み合わせている。

また小説の舞台は伊豆の伊東だが、映画ではそれが玉野市の日比地区に置き換えられ、全編を通じて岡山弁が飛び交う。風雨は日比を「陸の孤島」と形容していたが、往時の遊郭のにぎわいなども再現されている。また劇中に登場する「日比キネマ」は架空の映画館名で、実際は戦時下に「日比劇場」という映画館が存在していた。

撮影はその日比や岡山市の犬島とＪＲ建部駅、香川県の陸上自衛隊善通寺駐屯地などでも少し行われたが、主なロケ地は牛窓町（現在は瀬戸内市）だった。前々作『黒い雨』（一九八九）で吉永町（現在は備前市）の八塔寺ふるさと村に長期ロケしたイマヘイは、明治時代に建てられた牛窓の旧町役場が気に入っていたという。

映画ではこの旧町役場が赤城医院として使われたが、驚いたことにロケが終わるとまもなく取り壊しが始まり、映画の封切り前には建物がなくなってしまった。撮影に入る前から解体が決まっていたそうだが、せめて移築保存できなかったものか。**ぼっこう情ねー話じゃ。**

肝臓炎じゃな。
肝臓炎じゃ。
アメリカは爆弾を10発おとして1発あたりゃええちゅう物量作戦で日本に勝とうとしとる。
おかーちゃん B29がウンコとる
はよ逃げんか
アホ！
天満屋
©仁鶴
わしは10例肝炎と診断して1例あたりゃええちゅう物療医学で肝臓病に勝つ！
しかしカンゾー先生、はずれた9例はどねーしてくれるんなら。
よそでやってくれんかのう。
漢方を処方しとるからとりあえずなんにでも効く。
甘草先生じゃったんか。

『カンゾウ先生』

君の肝臓が食べたいか調べたい！

14話　藤純子、岡山の女を演じる

『明治侠客伝　三代目襲名』

東映　一九六五年
監督　加藤泰
脚本　村尾昭
　　　鈴木則文
原案　紙屋五平
撮影　わし尾元也
音楽　菊池俊輔
出演　鶴田浩二
　　　藤純子
　　　安部徹
　　　津川雅彦
　　　藤山寛美

本書の8話で取り上げた『女渡世人　おたの申します』で岡山の宇野へ借金の取り立てにやって来た藤純子。上州小政という女侠客に扮していたが、地元の女たちから罵倒されて泣いた上に、指を詰めさせられるわ、相思相愛の男を殺されるわ、挙句に自分は監獄行きになるわで、さんざんな目に遭っている。しかもその六年前、藤は岡山出身の薄幸な娼妓に扮し、辛い恋に泣いていた。任侠映画の佳作として知られる加藤泰監督の『明治侠客伝　三代目襲名』（一九六五）でのことだ。どうやら藤純子にとって、岡山は相性が悪いようだ。

岡山の雨は荒野に降る

明治四〇年の大阪。喧嘩神輿で盛り上がる祭りの雑踏に紛れて、流れ者が木屋辰一家の二代目・江本を刺した。建材業者として木屋辰と競合する星野が、配下の唐沢組に命じた計略だった。木屋辰の若衆や二代目の実子・春夫（津川雅彦）はいきり立つが、代貸の浅次郎（鶴田浩二）がそれを押さえ、床に臥せる親分に代わって仕事の采配も振るう。やがて浅次郎は三代目に指名されたが、自分はヤクザとして木屋辰の看板だけを継ぎ、建材部門は江本建材という堅気の会社として春夫に譲った。

そんな経緯の中で、浅次郎は初栄（藤純子）という娼妓に出会い、心惹かれる。だが初栄には唐沢（安部徹）が入れ込んでおり、自分の女として独占していた。岡山にいる初栄の父親が危篤だというのに、唐沢の顔色を窺う娼楼の女将は初栄の帰省を許そうとしない。それを知った浅次郎は初栄を三日間買い切った上で、自由にしてやった。もちろん顔を潰された唐沢は歯ぎしりする。

初栄は喜んで岡山の実家へと急ぐ。雨にぬかるみ、大きな石がごろごろと転がる荒涼とした風景の中を、初栄を乗せた馬車がガタガタと走ってゆく。**おいおい、けーのどこが岡山なら。未開の荒野を走る西部劇の駅馬車じゃあるめーし。**思わず突っ込みを入れたくなるところだが、もちろん現地ロケはされていない。適当に岡山をイメージした場面に過ぎないのだから、ここはひとつ大目に見るとしよう。私だっていつも他人の揚げ足を取ったり、目を三角にして騒いだりしている訳ではない。

その桃に異議あり

岡山で父の最後を看取って大阪に戻ってきた初栄は、浅次郎を中之島の川べりに呼び出した。この時のカメラはローアングルで初栄の足首と足裏を露骨に狙っているぞ。そして彼女は「これ、つまらんもんだすけど、田舎の庭でもいで来たんだす」と言いながら、バスケットから桃を二つ取り出して浅次郎に手渡す。この場面について加藤監督は『ローアングルのキャメラアイ』というエッセイの中で「桃は白桃、純に白く、大ぶりの実でなければならない。それが初栄の心だからである」と得意げに解説をなさっている。

「純に白く」かどうかは別として、たしかに大玉の上等そうな桃だ。加えて監督が本作の脚本について桃の「数の二ツに文句はない。」とおっしゃっていることにも同意できる。しかしである。娘を娼妓として売らねばならないほど生活に窮している家の庭先に、そんな立派な桃が勝手に実る訳がないだろう。岡山の白桃をなめてもらっては困る。**岡山の白桃は袋掛けもせにゃあおえんし、でーれー手間がかかるんじゃ。**

それに岡山で発見された白桃が、新しい品種として本格的に栽培され始めるのは明治三〇年代半ば以降のことだ。いくら「桃栗三年」とは言っても、明治四〇年の時点で、貴重な品種の桃の木が貧しい家の庭にまで普及して、大ぶりの実を結んでいたとも思えない。だいたい岡山だったらとりあえず桃を出しておけばいい、という安直な発想だからこんなことになるのだろう。先述の「荒野の岡山」の場面は大目に見るが、「白桃」については譲れない。

さて唐沢は岡山から戻った初栄に怒りをぶつけ、暴行を加える。そこへ浅次郎が踏み込み、初栄に惚れた、と言い放つ。引っ込みのつかなくなった二人のヤクザの間で、初栄はただただ震えるばかりだ。その場は木屋辰の客分・仙吉（藤山寛美）の機転でひとまずけりがつくが、浅次郎と唐沢の間には仕事と渡世の上での対立に加えて、女をめぐる争いが絡むことになる。

本作における人物配置、性格描写、キャスティングは任侠映画のお手本と言っていい。善玉の木屋辰側は親分に着流しの嵐寛寿郎、忍耐強くて侠気のある代貸に鶴田浩二を配し、対する悪玉の新興ヤクザは背広姿の大木実と悪辣な安部徹だ。鶴田と安部の間に初栄役の藤純子を置いて三角関係を絡め、木屋辰の実子・津川雅彦が鶴田を悩ませる。客分役の藤山寛美はときおり場を和ませる役回りだ。祭りの雑踏で親分が刺される展開やヒロインが薄幸な娼妓という設定も含め、まさしくお約束通りだ。

ボクの真骨頂はクローズアップにローアングル、リアリズムに裏打ちされた凝りに凝った映像スタイルだから。
しかしカントク、『岡山の桃農家』ってステロタイプはいかがなものですか。

鶴田浩二は忍者か？

やがて浅次郎は神戸港の新突堤工事を監督することになり、しばらく大阪を離れる。だがその後も星野と唐沢による江本建材への妨害は続き、ついに春夫が罠にはまって襲われ、彼を守ろうとした仙吉が殺された。その知らせを聞いた浅次郎は決意を胸に秘め、ひらりと馬に飛び乗って松並木の街道を一路大阪へと向かう……って、鉄道の時代にあんたはまだ鞍馬天狗かよ。

それにしてもこの時の浅次郎、腰に長ドスを差して草鞋を履いた格好は、まるで時代劇に出てくる旅鴉だ。途中で逮捕されないのだろうか？　もしかすると、あまりに目立ち過ぎて映画の撮影だと思われたのかも知れないぞ。そして大阪では走行する貨物列車の屋根からジャンプ一番、星野の事務所の窓にピンポイントで跳び込むという離れ業を見せる。しかも頭から窓ガラスを割って突っ込んだのにダメージもなく、立ち上がるや否や星野を突き刺しているではないか。**でーれーことをやりんさるもんじゃ。**これでは忍者か曲芸師だよ。「古い奴だとお思いでしょうが」は鶴田浩二のキャッチフレーズだったが、鞍馬天狗に旅鴉に忍者って、いくらなんでも古過ぎます。

続いて浅次郎は、逃げる唐沢を追ってその住処に足を踏み入れ、背中にドスを突き立てる。そこには初栄がいた。唐沢に身請けされ、囲われていたのだ。とどめを刺そうとするのを初栄がしがみついて止め、浅次郎は駆け付けた巡査に連行される。いずれにしても藤純子、しょせんヤクザ映画の中では幸せになれませんな。

江本建設
江本建設ゆうのは木屋辰一家のフロント企業らしい！

ホンマかいな。

チキショウ！わてがカタギの江本建設、代貸の浅次郎が木屋辰一家を分割襲名したのにわての方はまるで桃の袋がけの紙袋やないか！

ぼん、それも言うなら『かくれみの』だっせ。

浅次郎、交換してくれ。わてが木屋辰、おまえが江本建設や！

そらかめしまへんけど。

木屋辰一家は江本建設のパシリらしいで。

へー。

木屋辰
チキショーッ

『明治侠客伝 三百代言襲名』

15話　戦時下の暗雲を吹き飛ばす海女たちの悩殺ボディ

『二等兵物語―死んだら神様の巻』

松竹　一九五八年
監督　福田晴一
脚色　安田重夫
原作　梁取三義
撮影　片岡清
音楽　木下忠司
出演　伴淳三郎
花菱アチャコ
トニー谷
泉京子

まだ戦争の記憶が生々しかった一九五〇年代から高度経済成長期の六〇年代にかけて、下級兵士の軍隊暮らしを描いた小説が相次いで発表され、それが映画化されて人気を集めていた。そのひとつに梁取《やなとり》三義原作の「二等兵物語」シリーズがあり、伴淳三郎と花菱アチャコのコンビが全作を通じて主役を演じている。そして同シリーズの第五作『二等兵物語―死んだら神様の巻』（一九五八）ではロケ隊が岡山にやって来た。

岡山駅に降り立った一行約一三〇人を、わざわざ当時の三木行治知事が出迎え、ブラスバンドの演奏まで行われている。しかも伴やアチャコ、石黒達也らは兵隊姿だった。この時集まった群衆は約一万人に達し、総理大臣の来県時を上回るほどの人気だったという。ロケは岡山大学津島キャンパスや鷲羽山沖などで行われ、映画には「協賛　岡山県」としっかりクレジットされている。

二等兵はつらいよ

戦況が悪化の一途をたどる昭和一八年、理髪師の古山（伴）は応召し、太鼓持ちの柳（アチャコ）やアメリカ育ちの金山らとともに、岡山の連隊に配属される。たちまち厳しい上下関係と軍律に縛られ、上官によるビンタも日常茶飯事だ。おまけに三カ月の訓練を終えると補充兵として外地に送られ、高い確率で死が待ち受けている。それを免れるためには、特技やゴマすりで上官に気に入られるほかはない。

ところが入営早々、古山と柳は風呂場で勘違いした上等兵に背中を流させてしまい、後で陰湿な仕返しを受ける。そんな辛い共同生活を送るうちに、二等兵たちは仲間同士の絆を深めてゆく。また金山の幼い娘が便所の汲み取り桶に隠れてこっそり会いに来るが、この娘に扮しているのは子役時代の二木てるみだ。ちなみに二木は後に声優としても活躍し、いしいひさいち原作の劇場版『がんばれ!!タブチくん!!』（一九七九、一九八〇）では、妻・ミヨコの声を担当している。

一方、中隊長はすし職人の一等兵を連れて愛人宅に出かけ、贅沢三昧だ。しかも子飼いの中隊幹部や出入り業者の飯田（トニー谷）と結託し、賄賂や軍需物資の横流しで私腹を肥やしている。他の中隊に比べて古山たちの食事が見劣りするのもそのためだった。それを嗅ぎつけた古山と柳は中隊長に呼び出され、内地残留を餌に口止めされる。けれども金山は情報を流したスパイとして尋問され、過酷なしごきを受けて死んでしまう。古山が連隊長の副官（石黒達也）に不正を報告したため、中隊長は軍法会議で裁かれることになり、子飼いの難波軍曹らは二等兵に降格となる。また飯田にも召集令状が届き、**「助けてつか**

あさい」と本作唯一の岡山弁で中隊長に泣きつくが、行先は軍隊どころか監獄だ。

岡大生は模範的二等兵？

冒頭とラストで群衆が出征兵士を見送る場面や訓練の場面などは、岡山大学の津島キャンパスで撮影されている。本作で岡大がロケ地に選ばれたのは、旧陸軍の建物や門柱が残っていたためだ。ロケは主に現在の農学部や工学部あたりで行われ、多くの岡大生が二等兵役でエキストラ出演した。主役の伴は『夕刊岡山』の座談会記事の中で「岡山の学生さんは実にまじめで親切だ。エキストラも今までの二等兵では一番出来がよかった」とリップサービスに務めている。また『山陽新聞』は学生エキストラの写真に「ピンタはないし、ロケを見物しながら日当三〇〇円とは悪くない」というキャプションを添えている。

岡大でロケされた映画と言えば、近年では瀬々敬久監督の大ヒット作『8年殺しの……』いや違った、『8年越しの花嫁　奇跡の実話』がよく知られており、岡大附属図書館のロビーでも関連展示をやっていた。それはまあよしとしよう。人気俳優とロケ地巡りのブームを当て込んだケツの軽い企画だなどとは口が裂けても言わない。

その代わり『二等兵物語―死んだら神様の巻』の方も展示をやってもらえないだろう

か。ついでに上映会や関連シンポジウムもやっていただけたら申し分ない。今では自分の通う大学が兵営跡地にあることを知らない学生も多い。キャンパスを丁寧に調査して歩くと、現在もあちこちに当時の痕跡を見つけることができる。大学を軍事研究の下請け機関や本物の二等兵を送り出す場にしないためにも、ぜひみんなで楽しく本作を観賞しましょう。

銃後の守りはへそ出し姿で

ところで古山たちの連隊は、演習と行軍のために鷲羽山方面へ出かけ、瀬戸内海の浜辺で野営する。そして兵隊たちが双眼鏡を向ける先には、沖の小舟でタコを獲る海女たちの姿が……。**軍隊ばーじゃおえんけーじゃろうけど、けーがまたでーれー格好しとりんさる。**本作に登場する海女は若くてスタイル抜群、しかもビキニの水着に短い上着を羽織った姿で化粧もバッチリ決めている。

何しろ和製グラマー女優の元祖・泉京子らが海女に扮しているのだから、兵隊たちには目の毒である。いつも二等兵にビンタをくれている難波軍曹は、海女の一人・たえ子（泉）に馴れ馴れしく近づくが、尻で弾き飛ばされて顔面にタコを見舞われる。たえ子は二等兵・井上の幼馴染で恋人だった。それを知った古山は二人を浜辺で逢わせてやり、ちょっとしたラブシーンが展開される。

この瀬戸内海ロケは鷲羽山沖に浮かぶ釜島で行われた。今は無人島となっている釜島も、当時は七十数名ほどが暮らす有人島だった。そこへロケ隊に加えて二〇〇〇人とも三〇〇〇人とも言われる大勢の見物客が渡船で次々にやって来たため、小さな島は大混雑となった。泉らを眺める見物客からは、**「あれがグラマーというのじゃ」「ええからだしとるのう」**などと感嘆の声があがったそうだ。

物語の最後、発表された外地要員のメンバーからは古山も柳もはずれ、願い通り内地部隊に残留となった。ところが二人は仲間と一緒に戦いたいと自ら志願し、金山の遺骨を首にかけて出征する。松竹ではこの第五作でシリーズを終了させる予定だったが、製作はその後も続けられ、全一〇作で完結している。

古山はん、外地派遣要員の行き先はジャワやそうだっせ。

整頓
えっジャワ島⁉ 地獄のニューギニアじゃねえのかい。

ジャワは平穏で物資は豊富、ねーちゃんはキレイで内地にくらべりゃ天国ってハナシだぜ。

わしらも志願しまひょ。

自分たちも外地で戦いたくあります。

戦友とはなれたくないのであります。

志願するとは見事な敢闘精神であるッ
外地要員にきまった2等兵たちが『ニューギニアじゃわ!』と嘆いておるにもかかわらず。

アジャパー
ムチャクチャでごじゃります。


『二等兵物語じゃが』

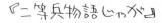

くらしこ

16話　タイトルは「ひるね姫」なのに、夜も寝るんですか

『ひるね姫　～知らないワタシの物語～』

日本テレビほか　二〇一七年
監督　神山健治
脚本　神山健治
原作　神山健治
キャラクター原案
　森川聡子
音楽　下村陽子
声の出演
　高畑充希
　江口洋介
　高橋英樹
　満島真之介

パンツが見えそうな短いスカートの制服、その背後には青い空と白い雲──学園アニメでは定番の絵柄だ。『時をかける少女』（二〇〇六）しかり、『君の名は。』（二〇一六）しかり。このイメージがいったい誰のどんな願望を反映しているのかはさておき、今回取り上げる『ひるね姫 ～知らないワタシの物語～』のポスターやチラシにも同じ様な絵柄が使われていた。ただし、そこには瀬戸大橋が描かれている。

そう、本作のヒロインは倉敷市の下津井在住という設定なのだ。監督・脚本の神山健治は、数々の名作アニメの制作に参加し、『攻殻機動隊S.A.C.』（二〇〇二）や『東のエデン』（二〇〇九）といったテレビの人気アニメを手がけている。下津井でロケが行われた実写映画はいくつもあるし、本書15話で取り上げた『二等兵物語──死んだら神様の巻』にも下津井近辺が出てきたが、今回はついにメジャーなアニメ映画の舞台として下津井が登場することになったのだ。

新世紀ピーチゲリオン？

東京オリンピックの開幕を三日後に控えた二〇二〇年夏。高校三年生の森川ココネ（高畑充希）は、自動車修理業を営む父・モモタロー（江口洋介）と二人暮らしだ。死別した母の記憶はなく、無口な父もほとんど母の話をしてくれない。その父が夏休み前日に突然逮捕され、東京に連行される。日本屈指の自動車メーカー・志島自動車のデータを盗んだというのだ。志島からは役員のヒゲ男が部下を連れてココネの家に乗り込み、データの入ったタブレットを持ち去ろうとする。ココネは幼馴染の大学生・モリオ（満島真之介）の助けを借りてそれを取り戻した。

ところでヒゲ男たちは岡山空港ではなく、瀬戸大橋を渡って高松空港からプライベートジェットに乗ろうとする。下津井からだとどちらの空港も同じくらいの時間で着くが、あえて高松空港が出てくるのは、本作が日テレ系の製作だからだろう。岡山・香川両県に電波を送る日テレ系のテレビ局は、高松に本社のある西日本放送となっている。

ココネが眠りに落ちると、幼い頃に父がいつも話してくれた物語の世界が夢に現れる。それは国王（高橋英樹）が支配する機械至上主義の世界だが、国王には大きな悩みがあった。愛娘のエンシェンが魔法使いなのだ。彼女はタブレットの「呪文」で機械に命を吹き込むことができる。彼女の存在が巨大な鬼の来襲を招いたため、国王は機械づくりの粋を集めてエンジンヘッドという搭乗型の巨大ロボットを開発して迎え撃つ。こうした状況の背後では、ヒゲ男が王位を狙っている。

映画はココネの夢の世界と現実の世界がリンクしながら進んでゆく。**じゃあけど岡山じゃから桃太郎じゃ、キジじゃ、鬼退治じゃ、ゆうんはえーかげんにしとかれーよ。**しかもこの鬼、どことなくアニメ『新世紀エヴァンゲリオン』の「使徒」を連想させる。いや、それよりも、まさか小栗旬が桃太郎に扮したペプシストロングのCMに登場する巨大な鬼の半パクリじゃないよね？

心根で人が空を飛べるかっ！

母が志島会長の娘だったと知り、ココネは祖父である会長に会いに行く。そして東京へ向かう新幹線の中で見た夢で、エンシェンが自分ではなく母のことだと悟る。父は母の話をたくさんしてくれていたのだ。もちろん志島本社の受付では相手にされないが、偶然(！)にも会長が一人で散歩に出てきて、ココネは名乗りをしないまま言葉を交わす。

ココネの母は志島自動車の経営を継ぐべくアメリカに留学したが、自動運転の導入をめぐって会長と対立し、小さな別会社へと去ることになった。同じお家騒動でも、大塚なんたらという例の家具販売会社とは逆ですな。彼女はそこで現場の技術者・モモタローと出会い、駆け落ち同然の結婚をした。

そして自ら自動運転のプログラムを書き、モモタローが装置の試作に取り組んだ。だが彼女はテスト走行中の事故で死亡したらしい。一方、志島自動車は東京オリンピックの開会式で自動運転を披露することになっているが、開発に行き詰っている。ヒゲ男はモモタローが持つプログラムのオリジナルコードに目をつけ、それを入手して会長を追い落とそうと画策していた。

ところで志島本社ビルのロビーには「心根ひとつで人は空も飛べる」という社訓が大きく掲げられている。もちろん元をたどればこの「心根」がココネの名前の由来なのだろう。しかしこれって自動車メーカーの社訓としてはいかがなものか？　ジェット機やロケットを開発する会社じゃないんだから。そう思っていたら、夢の世界ではココネもモモタローも空どころか宇宙にまで行ってしまいました。ははは……。

真夏の日差しに揺れる干しダコ

結局最後は、現実世界で何が起きたのかよくわからないまま、物語はハッピーエンドを迎える。巨大なエンジンヘッドが人力で動くというのも笑えるが、そういった点も含めて、神山監督の過剰なこだわりが逆に作品を薄っぺらなものにしている。ココネと父親の間にまったく葛藤が感じられないのも、もの足りなさの一因だ。
また冒頭に出てくる学園ドラマとしての設定が、その後の展開にまったく生かされていないではないか。それにしてもココネは昼も夜もぐーぐー寝てばかりいるぞ。これじゃあ「ひるね姫」じゃなくて、ただの「ねむり姫」だよ。名刺の肩書も読めないし、果たして進学は大丈夫なのか？ **受験生なんじゃけー、ちーたぁ勉強せにゃあおえまー。**

本作では下津井の風景が丁寧に描写されており、「日本のアニメ聖地88」にも選定された。しかもヒロインの声を岡山弁で担当したのは、NHKの朝ドラでブレイクした直後の高畑充希だ。おそらく下津井では盆と正月と大漁と北前船が一緒に来たような騒ぎだったに違いない。ただし、作中に描かれた下津井名物の干しダコは、夏ではなく晩秋から冬にかけての風物詩ですね。残念！

市長ぉ！『ひるね姫』に1ヵ所だけココネのパンツのみえるところが！
それは『聖地』として巡礼できるかね。

『ひるね姫』の聖地巡礼とか、自動運転のモデル地区指定とか、となりの下津井市は調子がええのう。
たのまの市
下津井市
たのまの市長
グー
市長が会議でひるねするごとに市政がトントン進むらしいです。
フン！ひるねなら1日中でもしちゃる。
1日中はひるねと言いませんよ。
市長
つまりそれは市長がドーンとかまえて部下に仕事をまかせとるいうことです。
なるほど！よっしゃわしも君らに仕事をまかせて責任もドーンととってもらおう。
ねる
なる！
グーー

『ひるね市長』

たのまの市
下津井市

17話　大地康雄が一人で背負った岡山のイメージ

『サバイバルファミリー』

フジテレビほか　二〇一七年
監督　矢口史靖
脚本　矢口史靖
原案　矢口史靖
撮影　葛西誉仁
音楽　野村卓史
出演　小日向文世
深津絵里
大地康雄
泉澤祐希
葵わかな

ある朝目覚めたら世界中が停電していた。しかも単なる停電ではなく、電池もエンジンのプラグも使えず、もちろん電波も飛ばない。PCやスマホはただのガラクタとなり、車も電車も飛行機も動かず、東京では自転車が最速の乗り物となる。今回取り上げる『サバイバルファミリー』（二〇一七）はパニック映画の要素を持つ一種の大災害映画だが、サバイバル劇と家族ドラマを合体させたコメディでもあり、さらには東京を脱出するロードムービーにもなっている。

そして同じく大災害映画の『シン・ゴジラ』（二〇一六）が、もっぱら「お上」のドタバタと若手官僚の活躍に焦点を当てた危機管理シミュレーション映画だったのに対し、『サバイバルファミリー』では国などあてにできないまま右往左往する「下々」の姿が、笑いを織り交ぜながら描かれる。

なんと、自転車で鹿児島へ

東京近郊のどこにでもありそうなマンションに暮らす鈴木家は、夫婦と大学生の息子、高校生の娘という四人家族だ。部分カツラをつけている夫・義之（小日向文世）は同期入社の部下という立場に甘んじ、平凡な主婦の妻・光恵（深津絵里）は鹿児島の実家から送られてきた魚が捌けず、野菜についていた小さな虫に大騒ぎする。息子（泉澤祐希）は思いを寄せる同級生の女の子から便利に使われ、つけ睫毛をした娘（葵わかな）は友だちとのラインや会話を取り繕う毎日。お互いの絆を見失い、夕飯もバラバラという今どきの家族だ。

そんな一家が停電して身動きのとれない東京を脱出し、ママチャリや配達用の自転車で鹿児島をめざすことになる。「俺についてくれば大丈夫だ」と言う義之だが、口先だけでいざとなるとまったく役に立たない。逆に頼りなさそうな光恵が随所にしたたかさを発揮し、ドジだった息子もしっかりした一面を見せ始める。

一家は高速道路を西へ向かうが、関西方面も停電していた。須磨では水族館の魚を調理した炊き出しの列に並ぶも、目の前で品切れとなってしまう。そして東京を出てから六七日目、一

家は疲労と空腹で田舎の道にへたりこむ。場所は岡山のどこかという設定だ。と、目の前の田んぼに豚がいる。全員で追いかけて捕まえ、おそるおそる包丁を突き立てようとした時、**「何ゅうしょんなら!」**と岡山弁の怒鳴り声が響き、初老の男・田中(大地康雄)がこちらを睨んで立っている。

岡山で救われる鈴木一家

一家は豚を載せたリヤカーを引っ張りながら、養豚業を営む田中の家に連れて行かれる。そこには井戸があって鶏が放し飼いにされ、食べ物も豊富だった。**「腹ぁ空きょらんか」**と田中が出してくれた食事をむさぼる一家。娘にいたっては豚の燻製をかじりながら涙を流してしまう。その様子を眺めていた田中は**「ただ飯じゃあねーぞ」**とぞんざいに言い、一家は豚の解体や停電で逃げた豚の捕獲、水汲みに風呂焚きなど、慣れない仕事にこき使われてヘトヘトになる。それでも久しぶりに湯に浸かり、柔らかな布団で眠ることができた。田中が出してくれた新しいパジャマは、アメリカにいる息子一家のために用意してあったものだ。

ところで田中の家の屋根瓦は茶色い。広島県や島根県の西部から山口県にかけてよく見られる石州瓦だ。そう、この後の蒸気機関車の登場も考え合わせると、岡山の場面は山口県でロケされたと推測される。従って本作における岡山のイメージは、すべて大地康雄のセリフと演技に委ねられているのだ。

岡山弁のイントネーションにはやや難があるものの、横柄で不愛想に受け止められがちな岡山県人気質を大地はうまく演じていた。きっと誰かの的確なアドバイスがあったに違いない。田中は**「あんたらがよけりゃあ、ずっとここにおってもろうてもええんじゃけどのう」**と遠慮がちに提案するが、鈴木一家はやはり鹿児島へ向かうことにした。すると田中は出発前にたっぷりと食料を持たせて**「いろいろ助かったけぇ」「気をつけてのう」**とさびしそうに見送る。**ぼっこうええ人じゃが。**

無理な設定が矛盾を招く

だが岡山から鹿児島までは七〇〇キロメートル以上あり、東京から岡山までと同じくらいの距離だ。二カ月以上かかったここまでの大変さや水と食料の調達などを考えれば、鹿児島行きの判断は明らかに無謀だ。田中のところにいれば少なくとも食料には困らないし、助けてもらった恩義もある。いくら妻の実家のことが心配でも、あえて子どもたちを危険にさらす必要はない。

それに岡山は比較的災害が少なく、気候も温暖で山や海の産物にも恵まれ、近年では移住先としての人気も高い。けれどもこのまま岡山に留まってしまうと物語が成立しないから、映画的には出発せざるを得ないのだ。ただし、ここで脚本上の無理をしたためか、その後の展開には矛盾が重なり始める。

なぜか鈴木一家は幹線道路や高速道路、あるいはそれが見える道路ではなく、わざわざわかりにくい道を走る。土地勘がないのだから、迷うのは必定である。そして川にぶつかると、橋を探しもせずに無理やり渡ろうとするが、日本ではどんな田舎でも少し上流か下流に行けば必ず橋はある。そりゃまあ手作り筏はサバイバル劇の定番だが、ここでの必然性はないし、川幅もそれほど広くはない。

おまけにわざとらしく急に天候が悪化して義之が流され、息子がカツラだけを拾う。大黒柱でもなかった父親を失ってトボトボと線路を歩く三人に、今度は野犬の群れが唸り声を上げて迫る……って、**よー見りゃあ黒え犬《くれ》が嬉しそうに尻尾ぅ振りよーるで。**そこへタイミング良くやって来た蒸気機関車の引く列車で、三人は一気に西へ向かう。ところが不思議なことに、川で溺死しかけたはずの義之が先回りしており、田んぼの中で発煙筒を焚いているではないか。映画の中で最も感動的に描かれている場面だが、同時に最も不可解な場面でもある。

列車の中でカツラを受け取った義之は、それを窓から捨ててしまう。ありのままの自分を受け入れることにしたという訳だ。過酷な旅によって家族としての絆を取り戻した鈴木一家を乗せ、列車は関門トンネルをくぐり抜けて九州に入り、やがて桜島が見えて鹿児島に到着する。そして一家は妻の実家で暮らしながら、地元民と一緒に漁をし、野菜を作って機を織るという、自給自足の生活を始めることになる。

本作は、『大停電の夜に』（二〇〇五）や『スイッチ・オフ』（二〇一五）といった作品からヒントを得ているのかも知れないが、作品のテイストはまったく異なる。それにしても矢口監督、最新作の『ダンスウィズミー』（二〇一九）も含めて自作の主人公に必ず「鈴木」という苗字を使うのはなぜだろう？　もしかしてその答えは倉敷にあり、か。

『全国サバイバルファミリー大集合』

18話　怪し過ぎるオジサン、長門裕之

『バージンブルース』

日活　一九七四年
監督　藤田敏八
脚本　内田栄一
撮影　安藤庄平
音楽　武川行秀
　　　ミッキー吉野
出演　秋吉久美子
　　　長門裕之
　　　清水理絵
　　　高岡健二
　　　林ゆたか

最初の結婚で妊娠した際、「卵で産みたい」と発言した女優・秋吉久美子。五〇歳の時には二六歳も年下の日系二世と再婚し、しかもその相手と離婚・復縁・離婚をくり返すなど、世人の理解を超えた彼女の人生模様は元祖不思議系女優にふさわしい。豚の王子が出てくる意味不明の短編映画を監督したこともある。最近ではGACKT主演の困ったちゃん映画に出演し、変なイントネーションで石垣島の女に扮していた。

そんな秋吉が、新しいタイプのアイドル女優として人気絶頂だった二〇歳前後に主演した代表作のひとつが、藤田敏八監督の『バージンブルース』（一九七四）だ。けれどもこの映画、本当の主役は岡山映画に縁の深い長門裕之ではないのか？　ということで、今回は長門にスポットを当てながら取り上げてみよう。

女子寮生の集団万引き

東京で浪人中のまみ（秋吉久美子）は、予備校の女子寮で気ままに暮らしている。実家は岡山のマスカット農家だ。隣室のちあき（清水理絵）も同じく岡山出身だが、こちらはすでに四浪中で、バージンだと言うまみをいつもからかっていた。ただし秋吉も清水もそれぞれ違った意味でまったく受験生には見えない。しかも寮生たちはバスの中で女子高生にガンを飛ばし、憂さ晴らしの集団万引きをくり返している……って、これじゃあまるで東映が得意とした女番長《スケバン》映画だよ。

ある日万引きがバレて仲間が捕まり、まみとちあきだけが逃げ延びる。そこへ登場するのが怪しげな中年男の平田（長門裕之）だ。ちあきと訳ありの平田は、二人に食事をおごってラブホテルに誘うが、まみが嫌がる。寮に帰れない二人は、仕方なく出前持ちの青年（高岡健二）の三畳一間に転がり込んだ。ところがこの青年、店の金を盗もうとして店主にボコボコに殴られる。むしろ店主の方が暴行罪で逮捕されかねない勢いでした。

二人は岡山に帰る旅費を平田から借りようとする。平田は脱サラで始めたラーメン屋が失敗し、赤ん坊を抱いた妻に店を任せて借金取りから逃げ回っていた。そのくせいっぱしの事業家気取りだ。妻には電話で「あんたバカですか」と言われ、ホームレスを追い返すためにボクシングの格好をしてみせる。おまけに飲み屋で拾った女と一夜を過ごし、小遣いに差し出した一万円が惜しくなって持ち逃げしようとする始末。**せけーのー。**

平田のモデルは脚本家自身?

ちあきから、まみがまだバージンだと聞かされた平田は、下心丸出しで二人の相談に乗り、一緒に岡山へとやって来た。すでに山陽新幹線が岡山まで開業していたにもかかわらず、どうやら平田のオジサンはケチって在来線の料金しか出さなかったようだ。整備工事真っ最中の岡山駅前で、まみがちあきと別れて宇野バスに乗り込むと、平田が大慌てでついて来る。

ところが山陽町(現在は赤磐市)の実家にも警察から連絡が入っていたため、二人はそのまま岡山市内へ戻り、後楽園の月見橋のたもとで蕎麦みたいに細いうどんをすする。この時カメラは、露出した半ケツ一歩手前の秋吉の腰にわざとらしくズームアップしている。

ありゃーカメラマンの趣味じゃろうか。

中年男と若い女の奇妙な逃避行は、そこから倉敷美観地区へと向かうのだが、これでは観光岡山のキャンペーン映画だ。屋台が並ぶ阿知神社の階段を上る途中、祭りの素隠居に頭をはたかれて悲鳴をあげるまみ。アイビースクエアでは野坂昭如が特別出演しているが、もともと本作は野坂が「♪ジンジンジンジンジン血がジンジンジン」と歌った『バージンブルース』に着想を得て製作されたらしい。一種のロードムービーであり、一九七〇年代に流行った田舎へのUターン映画でもある。

ロケは児島競艇場や下津井城址でも行われているが、脚本を書いた内田栄一は岡山市内の古書店の息子だった。関西《かんぜい》高校から鎌倉アカデミアに進んだ内田は、安部公房に師事した後、テレビドラマ『七人の刑事』（一九六一－七九）などの脚本を手がけ、さらにアングラ劇の演出で一世を風靡している。**よう若《わけ》ー女ばぁ連れとったいうけぇ、平田のモデルは内田本人じゃねかろうか。**そう言えば内田の映画脚本にはしばしば中年男と若い女という組み合わせが登場している。ちなみに内田の妻は秋吉のマネージメントをしていたことがあるらしい。

オジサンはすぐキレる

倉敷の旅館ではまみと布団を並べるが、平田は落ち着かない。まみが「寝ないんですか」と聞くと、「うるさい！　子どもは黙って寝ろ！」といきなり怒鳴る。いったい何に腹を立てているのか訳がわかりません。翌日、美観地区では「署名しない署名運動」という、いかにも内田栄一風のアングラ路上劇が行われていた。劇団を率いる青年（林ゆたか）はまみと旧知の間柄らしい。

その夜、まみを抱き寄せようとする青年の前に平田が現れて「俺にはな、バージンを守る義務があるんだ！」と宣言する。はあ？　義務？　しかも木刀を持って？　ところが青年の口ぶりでは、まみはバージンではない。どうやら彼自身がその相手だったのだ。だからといって怒る権利はないと思うが、今も昔もオジサンはキレやすいと相場が決まっている。平田は青年を殴り、まみの腕をねじ上げると、顔に唾を吐いて首を絞め、それでも足りずに自分のコートを掘割に投げ捨てる。**ぶちキレしっしもうて、わやくそじゃで。**

それから半年後。相変わらずあてもなく泊まり歩いている二人だが、平田の所持金も乏しくなり、口座の残高はすでにゼロ。児島の競艇場から帰る途中で、二人はちあきが連行されるのを目撃した。櫃石島《ひついしじま》の旅館で激しく平田に抱きついたまみは、明け方にこっそり部屋を抜け出すと浴衣を脱ぎ捨て、全裸で沖へと泳ぎ始める。いったいどこへ向かうのか。意味不明のラストシーンだが、瀬戸内海の波間に浮かぶ岡山白桃のような秋吉の尻が眩しい。

藤田敏八カントク、『バージンブルース』の見どころはどこですか？
そうだねえ。
①野坂昭如の歌ですか。②秋吉久美子の魅力ですか。それとも③切ない『昭和』ですか？
ウーン見どころは、
岡山かな。
えッ岡山ロケが『バージンブルース』の見どころなんですか！
じゃなくて備中、備前、美作、岡山と同じくとらえどころがないのが見どころかな。
美作
備中
備前
そういえばつぎはぎのような映画でしたね。
ムッ

『岡山バージーンズブルース』

19話 かつて瀬戸内海は無法地帯だった

『犬死にせしもの』

大映＝ディレクターズ・カンパニー 一九八六年
監督 井筒和幸
脚本 井筒和幸
西岡琢也
原作 西村望
撮影 藤井秀男
音楽 武川雅寛
出演 真田広之
佐藤浩市
安田成美
今井美樹
蟹江敬三

瀬戸内海は雲仙や霧島とともに日本初の国立公園に指定されており、風光明媚な景勝地として知られてきた。帆を揚げた小さな釣り船がいくつも浮かび、行き交う船が白い航跡を残す。寒さ厳しい北の海や荒々しい日本海とは対照的に波穏やかで、朝夕の凪の海面はまるで鏡のようになめらかだ。夕陽の絶景ポイントも多く、春には大小無数の島々に花が咲いて美しく彩を添える。

そんな瀬戸内海のイメージは、小柳ルミ子が歌った半世紀近く前の国民的ヒット曲『瀬戸の花嫁』によって物語化されたと言っていい。そして一九八八年には備讃瀬戸をまたぐ瀬戸大橋が開通し、新たな観光ブームを招いた。ＪＲ岡山駅のホームでは、その瀬戸大橋を走るマリンライナーの到着時に、今でも『瀬戸の花嫁』のメロディが流れている。

海賊が跋扈《ばっこ》する危険な海

だがそうした牧歌的なイメージとは裏腹に、かつての瀬戸内海は海賊が出没する無法地帯だった。海賊と言っても、中世の村上水軍や塩飽《しわく》水軍のことではない。敗戦後間もないＧＨＱ統治下での話だ。海賊たちはまだ海上保安庁の組織が整わない隙を突き、航行する船舶や島、四国や本州の沿海域を襲撃して略奪を行っていた。大きな組織は海上ヤクザとなり、いわば「私設警察」として海を支配し、利権を漁った。

またある者は、沖縄や台湾、香港との密貿易で巨利をむさぼった。こうした海賊たちは拳銃や日本刀だけではなくダイナマイトも持ち、船には機関銃が備えられていたという。当時の新聞には、三〇〇人もの大掛かりな密輸組織を束ねるボスの逮捕や、末端を含めると二〇〇〇人規模の組織で瀬戸内海を荒らした海賊一味の逮捕が報じられている。**せーらの中にゃあ市会議員になったたんもおるで。**

香川県男木島出身の西村望は、そうした敗戦後の世相を背景としつつ、瀬戸内海を舞台に『犬死にせしものの墓碑銘』という小説を発表している。一九八二年のことだ。これは海賊になった若い復員兵たちのアナーキーな心情に、権力やその追従者への怒りを描き込んだ海上アクション小説だ。そしてこの小説をもとに、ピンク映画出身の井筒和幸監督が『犬死にせしもの』（一九八六）を撮る。当初は井筒がプロデュースして大森一樹に監督をさせる計画だったそうだ。今見ると映画の出来はもたついた印象だし、興行的には惨敗を喫したらしいが、その心意気は買いたい。

略奪された瀬戸の花嫁

悲惨なビルマ戦線で九死に一生を得た重左（真田広之）は、復員して島に戻っても戦場の記憶が頭を離れない。加えて復員兵に対する周囲の視線は冷たく、母と暮らしながら鬱々とした思いで漁師をしていた。そんな時、遊郭で戦友の鬼庄（佐藤浩市）と再会し、海賊にならないかと誘われる。重左が決心する直前、遊郭の襖に貼られたマッカーサーと昭和天皇の写真に蝿が止まる。重左は蝿叩きでそれに一撃を加えてから、日本刀や手りゅう弾で武装した鬼庄の梵天丸に乗り込むのだ。

鬼庄が拠点とする五輪島では、島民全員が海賊の片棒を担いでいる。ある日梵天丸が襲った船には、大阪へ嫁入りする洋子（安田成美）が乗っていた。鬼庄は彼女をさらって売り飛ばそうとするが、洋子に惹かれた重左は彼女を実家のある大分・竹田津《づ》へ送り届けると約束した。ちなみに大分県は九州にありながら瀬戸内海に面しているため、方言にも中国地方や四国地方との共通点が多く見られる。

一方、洋子の嫁ぎ先から捜索の依頼を受けた海上ヤクザの花万は、配下の火付け柴（蟹江敬三）に洋子の奪還を命じる。こうして重左と鬼庄は瀬戸内海を牛耳る巨大な組織を敵に回すことになる。まさに本作のキャッチコピー通り「戦争で拾った命、女にくれてやる」

という訳だ。

戦争未亡人の洋子は、重左や鬼庄と同じくお上が始めた戦争で自分の居場所を失った存在だ。それに対して戦時下も戦後も、そして現在も、権力におもねってうまく立ち回り、甘い汁を吸う輩がいる。洋子が船で瀬戸内海を渡り、身売り同然の再婚に向かうという設定からは、まるで戦争などなかったかのような『瀬戸の花嫁』の物語に対する異議申し立てを読み取ることができるだろう。

今井美樹のプライド

洋子の赤い腰巻を旗印に竹田津をめざす梵天丸は、火付け柴と花万の襲撃を受け、重左が機関銃を浴びて倒れる。その死はまさしく犬死に等しいのだが、誰かに強いられた犬死

『犬死に』のテーマが『瀬戸の花嫁』ってちょっとおぞましくないかい?
井筒カントクは心斎橋で♪ボクたち男の子ヘヘヘイと歌いながらボコられたそうで。
MGM
ご本人のコメントです。

ではなく、彼が自らの意志で選び取ったものだ。国家や組織のためではなく自分自身のために死ぬこと、それはビルマで犠牲になった戦友たちへの手向けともなろう。

ところでこの物語にはもう一人のヒロインが登場する。火つけ柴の若い情婦・千佳（今井美樹）だ。本作が映画デビューとなった今井は、梵天丸の船べりでいきなり着物の尻を捲って放尿の格好をする。さらには「脱いだらええんやろ」と砂浜で全裸になるなど、勝気な役柄を印象的に演じている。彼女もまた火付け柴に反旗を翻して洋子を逃がし、最後は射殺される。**せーがうちのぷれーどじゃけん。**

本作のロケは、四国の丸亀を中心に牛島や沼隈、牛窓など瀬戸内海各地で長期にわたって行われ、架空の五輪島の一部は笠岡諸島の六島《むしま》で撮影されている。燧灘《ひうち》を見下ろす丘の上で、重左が子どもたちとかくれんぼをしている場面だ。撮影は六島灯台のあたりで行われ、島の子どもたちがエキストラで出演している。また重左たちが千佳をさらうために火付け柴の立ち回り先である笠岡の港へ行く場面がある。三味線の流れる遊郭界隈は伏越《ふしごえ》港を想定しているのだろうが、残念ながら現地ロケは行われなかった。

わしゃビルマ戦線の生き残りじゃ恐えもんなんかありゃせんど〜ー
バキュン バキュン
ポンポンポン
それがどねーした! わしはタラワの生き残りじゃあ!!
わしはペリリュージャッ
わしゃ硫黄島の生き残りじゃあ
バキュン バキュン
バキュン バキュン
キュ
こりゃかなわん。わしゃビルマを逃げまわっとっただけじゃけえ。
わしもフィリピンを逃げまわっとっただけじゃ
おどれらひっこんどれ だらしのねー!!
バキュン バキュン
わたしゃソ連軍に追われて北満からウォンサンまで逃げまわったんじゃ恐えもんなんかありゃせんど〜ー
ガリガリガリ
ガー!
わーっ!!

『犬死にせもの』

20話　渥美清、六年ぶりに真鍋島へ帰る

『友情』

松竹　一九七五年
監督　宮崎晃
脚本　宮崎晃
撮影　川又昂
音楽　佐藤勝
出演　渥美清
中村勘九郎（五代目）
松坂慶子
有島一郎

『拝啓天皇陛下様』（一九六三）で、頭は悪いが憎めない岡山の男に扮した渥美清。「男はつらいよ」第三二作の『口笛を吹く寅次郎』（一九八三）では、高梁の寺に婿入りを企てて失敗している。その高梁ロケの時、渥美は撮影で着た僧衣姿のままで総社の仏壇店に立ち寄り、自身とポンシュー役の盟友・関敬六の位牌を作らせたそうだ。そして今回取り上げる『友情』（一九七五）では、渥美が真鍋島出身の元漁師という役を演じている。

真鍋島と言えば、夏目雅子が駒子先生に扮した『瀬戸内少年野球団』（一九八四）のロケ地として有名だ。けれどもそれより一〇年近く前に、渥美や五代目・中村勘九郎（後の十八代目・中村勘三郎）が島を訪れ、本浦港や久乃家旅館、八幡神社前、岩坪の集落など、島内各地で撮影が行われていたのだ。笠岡市観光連盟が協力としてクレジットされているにもかかわらず、この映画についてはなぜかこれまであまり取り上げられてこなかったし、ロケに関する情報も少ない。

渥美清はつらいよ

三浦宏（中村勘九郎）は印刷会社に勤める年上の紀子（松坂慶子）と同棲し、皿洗いのバイトをしながら東京で大学に通っている。そして夏休みにまとまった金を稼ごうとダムの工事現場へ働きに出かけ、そこで源さん（渥美清）と出会う。現場を渡り歩く源さんは酒好きでサボり癖もあるが面倒見はよく、作業場の人気者だった……むむ、このキャラクターは「男はつらいよ」の寅次郎以外の何物でもない。**どねーな役ぅしょーっても「寅さん」になっしまうんが渥美のつれーとこじゃ。**ちなみに本作の宮崎晃監督は山田洋次監督の作品でよく脚本を担当しており、「男はつらいよ」シリーズでも六作品の脚本を手がけている。

せっかく寅さん……**じゃあのうて、**源さんと意気投合した宏だったが、トラックの事故で骨折入院し、東京へ戻ることになる。それから数カ月後のある日、宏は警察から呼び出されて源さんの身元を引き受けた。上京してすぐケンカに巻き込まれ、留置されていたのだ。再会を祝してさっそく酒を酌み交わす二人だが、毛ガニ

有名なエピソードです。
ラスベガスでモノマネの名人のサミー・デイビスJr.が自身の新曲を披露したところ客席から『おいサミーそりっだれのマネだい。』(笑)
あたしならさしづめ『おい寅さん、渥美清のマネかい。』
ははは
笑いすぎ。

の食あたりで寝込み、紀子が会社を休んで看病してくれる。ちょうどそこへやって来た紀子の叔父・順吉(有島一郎)はねちねちと若い二人に説教し、その仲を裂こうとする。紀子が生活力のないヒモ男の食いモノにされている、という訳だ。しばらくは眠ったふりをしていた源さんだが、そのうち腹に据えかねて起き上がると若いカップルを擁護し、逆に順吉を諭すのだった。それにしても本作の松坂慶子、おキレイです。

不自然な勘九郎の演技

やがて回復した源さんが瀬戸内海方面の現場に向かうというので、宏も旅行がてら同行することになる。二人は新幹線から在来線に乗り換え、岡山県の笠岡で旅館に泊まるのだが、どうも源さんの様子がおかしい。聞けば彼は笠岡沖に浮かぶ真鍋島の出身で、島には妻子もいるという。元は漁師だったが魚が獲れなくなったため、出稼ぎで島を離れたのだ。最初は家に送金していたがいつしかそれも滞り、そのままもう長い間帰っていない。紀子のやさしさに接して妻に会いたくなったのだが、一人で帰る勇気がないから一緒に行ってくれと宏に頼む。**家の敷居がたけーゆうんも寅さんとおんなしじゃのう。**

この旅館で、風呂から戻った宏が窓の手すりにタオルを干す場面がある。だがその手つきは明らかに不自然だぞ。そう思っていると、直後にカメラはタオルの「天野屋旅館」という文字をわざとらしく捉えている。そう、二人が泊まる旅館の外観は、笠岡諸島の北木島にある木造三階建の天野屋なのだ。玄関先に見えるフェニックスの木が目印だ。

旅館の場面についてはもうひとつ言っておかねばならないことがある。それは宏が部屋の襖を開ける時の手つきだ。あれはそこらの貧乏学生の手つきではなく、梨園の御曹司の地が出たと言うべきだろう……って、この件はいしいひさいち夫人からのご指摘でした。翌朝、宏は源さんを急かして住吉港から出る船に乗ろうとするが、結局源さんはしり込みしてしまい、宏が一人で真鍋島に向かう。

そして島に渡った宏は、源さんが六年も音信不通だったことを知る。二人の幼い子どもを抱えて生活に窮した妻（佐々木愛）は、源さんの幼馴染・健太（米倉斉加年）を迎えて所帯を持ち、御前様……**じゃあのうて、**源さんの実父（笠智衆）も一緒に暮らしているという。さらに健太との間には新たに赤ん坊まで生まれている。今さら源さんが帰ってきても、島にはもう居場所はない。

ＪＡＬバッグの謎

翌日、宏が島を離れようと桟橋に向かうと、源さんが船から降りてきた。慌てて船に戻そうとするが源さんは意に介さず、宏を連れて家に足を踏み入れる。もちろん修羅場である。すべてを悟った源さんは健太に「邪魔して悪かったな」と声をかけて立ち去る。手持ちカメラで撮られたこの場面は、源さんの心を映して揺れる。島の人たちには愛想を振りまく源さんだが、船が島を離れると船尾のデッキで一人泣き崩れ、その姿には宏もかける言葉がない。松竹の八〇年記念作品だけあって、なかなか出来のいい映画ではないか。

ところで源さんは映画の中で、途中からずっとＪＡＬの四角いバッグを肩にかけている。かつて航空各社が製作し、ファーストクラスや海外ツアー客などに配布したエアライン・バッグだ。本作には飛行機が出てこないにもかかわらず、随所で青いバッグのＪＡＬマークが目立ち過ぎている。天野屋旅館のタオルと同じくタイアップ広告に違いないが、そもそも源さんはどこであのバッグを手に入れたのだろう？　もしかして海外旅行に行ったことがあるのだろうか？　終盤の哀しい展開の中でも、あのバッグだけが場違いな雰囲気を醸し出しており、どうにも気になって仕方がない。

松竹梅80年記念作品
『友情』
渥美清主演
メディア発表会
いやあ よかったですね 部長 評判が まずまずで。
ホッと したよ。
『まるっきり 寅さんとそっくり そのまんま』と 言われるかと 心配したが
『寅さん そっくり そのまんま』 という 評価でした からね。
音信不通のまま 6年ぶりに 真鍋島に帰って 妻が親友と 再婚していた ことを知る 衝撃の ラストシーン。
代役の 佐々木愛クンと 米倉斉加年サンで よかったよ。
あれが当初の 配役通り 倍賞千恵子クンと 前田吟サン だったら もーボロカス だったろう から。
2人とも 都合が つかなくて たすかり ました。

『男の友情はつらいよ』

上映中
故人が多くてつらいよ

笑いすぎ。

21話　クイズ：ここはどこですか？

『種まく旅人　～夢のつぎ木～』

エネット　二〇一六年
監督　佐々部清
脚本　安部照雄
撮影　阪本善尚
音楽　田中拓人
出演　高梨臨
斎藤工
津田寛治
池内博之

本作は第一次産業をテーマに農林水産省をヨイショする「種まく旅人」シリーズの第三弾だ。第一弾の『みのりの茶』では大分県臼杵市を舞台にお茶の栽培が描かれ、第二弾の『くにうみの郷』では淡路島を舞台に玉ねぎの栽培と海苔の養殖が描かれた。いずれもそこに農水省から派遣された官僚が絡むというパターンだ。そして第三弾となった『夢のつぎ木』では岡山県赤磐市を中心にロケが行われ、監督には『半落ち』（二〇〇四）の佐々部清が起用されている。

主演は当時人気急上昇中の斎藤工と高梨臨という、赤磐にも岡山にもまったく縁のなさそうな二人だ。ちなみに高梨は本作のクランクイン前にサッカー選手の槙野智章と出会い、後に結婚している。それはともかく、オープニングでいきなりかまされました。下手くそな英語で唄う素人演芸会みたいなミュージカルに唖然としていたら、「男はつらいよ」ばりのベタな夢落ち、しかも毎度おなじみの桃太郎ネタだよ〜。

いくら日本代表の妻でも

主人公の片岡彩音（高梨臨）は八年前に女優をめざして上京したが、今は夢をあきらめて郷里の赤磐にUターンしている。両親の死後、家業の桃栽培を継いでいた兄・悠斗（池内博之）が病気で亡くなったのだ。彩音は地元の市役所に勤めながら独りで桃を栽培し、兄が接ぎ木して育てた「赤磐の夢」という桃の新種登録通知を待っていた。

彩音は毎朝五時前には起きて広い桃畑で働き、市役所に出勤するとご当地ゆるキャラ「あかいわモモちゃん」の着ぐるみに入って汗だくになる。夜は市役所から車で三〇分以上走った山中にある竜天天文台で、兄の夢だった新星発見に挑み、子どもたちの天文教室も開いている……って、**なんぼサッカー日本代表の妻じゃ、大河ドラマ女優じゃゆうても、こねーにぼっこう働いちゃあおえんで。**まさに働き方改革が必要ですな。

所詮は映画なんだからそれくらいの「ウソ」は大目に見ろ、とおっしゃるかも知れない。だが重箱の隅をつついて目くじらを立てるのがこの本の売りなのだから、ここはとことん突っ込むことにしよう。それにしても女優の夢が破れて地元に帰るという脚本の設定は、あまりにもありふれていて、とてもプロの仕事とは思えない。そう言えば本作の翌年に公開された喜多一郎監督による岡山の地域映画『桃とキジ』（二〇一六）も同じようなパターンだった。

赤磐市の表玄関は熊山駅

一方、若手官僚の木村（斎藤工）は、生産者に寄り添う農政をめざして農水省に入ったものの、いつしか目標を見失いかけている。何しろ官僚は政治家先生の忖度に文書の書き換え、重要資料の廃棄と毎日大変ですからねぇ。そんなある日、木村は次官から現地調査を命じられ、桃栽培の盛んな赤磐市へとやって来た。それを市の農林課長・岩淵（津田寛治）が公用車のベンツならぬ軽バンで出迎える。

ん？ **こかぁどこなら？ ＪＲ山陽本線の熊山駅じゃ。** はぁ？ どうせ出迎えるなら岡山桃太郎空港か新幹線の到着する岡山駅だろう。木村がそれを断ったのだとしても、熊山駅はあり得ない。岡山方面からＪＲを使って赤磐市役所に行くなら、普通は二つ手前の瀬戸駅で降りて宇野バスか皿井タクシーに乗るはずだ。瀬戸駅からは三キロメートルほどだが、熊山駅からだとその四倍くらいある。

それにもかかわらず、映画の中にはたびたび熊山駅が登場しており、岡山市内のホテルに泊まっている木村は毎日誰かに熊山駅まで送り迎えしてもらったことになる。いったいなぜこんな「ウソ」を演出せねばならぬのか。それは山間にある駅の風景を撮りたかったというよりも、熊山駅が赤磐市唯一の駅だからに違いない。二〇〇五年の合併で赤磐市が誕生した際、旧赤磐郡のうち瀬戸町だけが加わらず、後に岡山市と合併した。だから瀬戸駅は赤磐市域外になる。そして本作は赤磐市が市政一〇周年事業としてロケ誘致した地域発信映画だ。

けれども物語の軸は、農業における相互扶助の意識と地域の人的ネットワークであり、現実はともかく赤磐市はその理想郷として描かれている。それなのに、もしもなんらかの思惑で、繋がりの深い瀬戸駅を意図的に排除したのであれば、ちょっといただけない。その一方で本作には地理的関係も移動に要する時間も無視して、岡山市内の場面がふんだんに登場しているのだからおかしな話だ。

斎藤工のサービスカット

映画は彩音と木村がお互いに惹かれあう様子を描きながら、地元の産物や名所、スポーツなどを盛り込もうとしている。私も赤磐には多少の縁があるので気持ちはわかるが、いかんせん魅力に乏しい場面が多い。彩音の妹がバレーボールの「岡山シーガルズ」に参加しているという設定はまだしも、消防隊員による訓練のデモンストレーション場面が二度も出てくるのはなぜだろう？　また桃を栽培する話なのに、その大変さがまったく伝わってこないし、**中央卸売市場で競っとったんが赤磐産じゃのうて玉島産の桃じゃゆうんはおえめー。**この映画、やはり肝心なところで詰めが甘いぞ。

もちろん本作にも見せ場がない訳ではない。たとえば彩音の家で入浴していた木村が、スローモーションで湯船から立ち上がる時、下半身が見える寸前で場面が切り替わる。キャー、赤面。さすがフェロモン俳優・斎藤工ならではのサービスカットですな。また「赤磐の夢」の新種登録が通らず、やけ酒で酔っぱらった彩音が木村に抱きついて口にする「キスとか、してみます？」というセリフも妙に耳に残る。そしてラストシーンの背景には、赤磐が誇る巨大な桃色のガスタンクがさりげなく配されている。

観光誘致に結びつくとは思えないが、この作品をきっかけに映画館のない赤磐市で映画が上映され、映画祭りが開催されたのだから、瓢箪から駒ってことでよしとしよう。

農林
次官、『赤磐の夢』の桃、『倉芳の光』の梨、『坂井出の紅』の蜜柑《ミカン》、この登録をお願いします！
園芸作物課
木村くんその前に『認可』だよ。
認可？これは登録案件ですけど。
種まく旅人として農業振興に奔走するのはいいが。
赤磐の男の子、
倉芳の女の子、
坂井出のおなかの赤ちゃん。
認可してまいた種のけじめをつけなくちゃね。
それも言うなら『認知』でしょう！
ていうか身におぼえがありませんッ

『種まく旅役人』

協賛金
リスト

22話　タイトルに偽りあり、流れ板は七人もいないぞ

『流れ板七人』

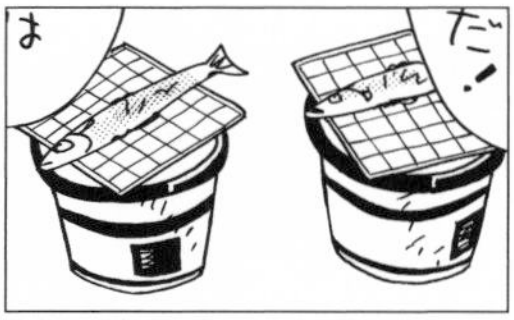

東映　一九九七年
監督　和泉聖治
脚本　高田宏治
原作　牛次郎
　　　笠太郎
撮影　安藤庄平
音楽　嶋田英次郎
出演　松方弘樹
　　　いしだあゆみ
　　　東幹久
　　　浅野ゆう子

料理対決マンガと言えば、一九八〇年代に『ビッグコミックスピリッツ』で連載が始まった『美味しんぼ』が有名だが、それと同じ時期に、主人公のアゴが長い『流れ板竜二』という作品が『漫画サンデー』に連載されていた。このマンガはなぜか一九九七年一月になって相次いで映像化される。『美味しんぼ』がアニメだけでなくフジテレビ系のドラマや松竹の映画にもなっていたので、それに対抗するための企画だったと思われる。テレビ朝日系では『流れ板竜二』を原案とする全一〇回の連続ドラマが放映され、竜二には水谷豊が扮した。一方、東映では松方弘樹を主役に映画版を製作公開している。どちらもタイトルが『流れ板七人』となっているのは不思議だが、まあ東映とテレビ朝日は資本関係で深く結ばれているから、そういうこともありなのかも知れない。

包丁がドスに見えてしまう

腕利きの流れ板として知られた梨堂竜二（松方弘樹）も、今は岡山の下津井に居場所を見つけて静かに暮らしている。瀬戸大橋のたもとに位置する小さな漁港だ。夫婦で料理店を構え、子どもはまだ幼い。ちなみに松方はこの時五四歳だから、四二歳で娘が生まれた実生活以上にがんばったことになりますな。そんな竜二のもとに、東京・日本橋の老舗料亭「閑日楼」で花板を務める松木精蔵（梅宮辰夫）から手紙が届く。

竜二はかつて松木の下で向う板を務めていたという設定なのだが、演じる二人は実年齢が近過ぎる上に、私生活でも親友という間柄だ。この配役に無理があるため、素直に物語に入り込めないのは私だけではあるまい。二人の関係は、せいぜい昔の修行仲間とか板場の先輩後輩というのが妥当なところではないか。ちなみに花板とは板場（調理場）を仕切る料理長で、向こう板は主に刺身を担当する立場だそうです。

心臓を病んだ松木は、後継者と見込む明神渡《わたる》（東幹久）を竜二に預け、一人前の板前に育ててもらおうと考えていた。だが竜二が上京する前に松木親分は倒れて入院し、その隙を狙って関西から乗り込んできた鉾田組が、閑日楼の看板を「ほこ多」に改める。松木親分と事実上の夫婦関係にある関東稲宗会の会長・稲村きぬ（いしだあゆみ）は、縄張りを取り戻すべく京都へ出かけ、女だてらに鉾田組長（中条きよし）と直談判に及んだ。そして話が決裂しての帰途、松木親分が息を引き取ったという知らせが届く。

縄張りを追われた松木の子分たちは散りぢりになり、単身鉾田組に殴り込んだ渡はボコボコに……**ありゃりゃ、ちーとばー話が違《ちご》うとるがな。**すみません、板場をめぐる争いがいつの間にかヤクザ抗争の話になってしまいました。けれども、出演者が松方、梅宮に中条、的場浩司、木村一八、吉行和子で東映の三角マークとなると、包丁がドスに見えても仕方がありません。

いしだあゆみのしたたかさ

話を戻そう。きぬが会長を務める「稲宗」は、板前を派遣する調理師紹介所として、明治以来長く閑日楼の板場を仕切ってきた。その閑日楼を買い取って鉾田に斡旋したのは、美食家の浦部だ。浦部は昔から松木の贔屓客だったが、料理の不調を見抜いてさっさと鉾田に乗り換えたのだ。だが乗り換えが早いのは浦部だけではないぞ。松木が死んでまだひと月だというのに、きぬは上京してきた竜二の腕と気風に一目惚れだ。そして閑日楼に対抗する料亭を開くために全財産を注ぎ込み、竜二を花板に招聘しようとする。

下津井を訪れたいしだあゆみを迎えるのは妻の浅野ゆう子だ。新旧の熟女二人が平静を

装いながら、竜二を巡って心を揺らすことになる。ちなみに原作のコミック版にはけっこう濡れ場もあったと記憶しているが、この映画にはそんなシーンは一切出てきません。妻の複雑な思いを背中に感じながら、竜二はきぬ姐御の熱意に報いて親分への義理を果たすべく、ドスをさらしに巻いて決戦の場へと向かう……いかん、話がまたヤクザ映画になってしまった。

きぬは浦部を通じて竜二と鉾田の料理対決を申し出る。竜二が勝ったら、ほこ多の看板を閑日楼に戻して引き続き稲宗が板場を仕切る。負けたらきぬが鉾田の口説きに応じ、ほこ多の女将になるという条件だ。うーむ、勝負は男たちにやらせておいて、結局どっちに転んでもきぬに損はないような気がするが……。

中条きよしの立場がない

さてその料理対決、贅沢な素材をふんだんに使い、演出も派手な鉾田に対し、竜二の料理はどれも地味だ。そのまま竜二が敗れて再び流れ板に、という展開ならおもしろいところだが、もちろん竜二の勝ちが濃厚だ。しかし浦部が口にする判定の理由は納得しかねるぞ。竜二が作ったのは、浦部が二五年前に初めて食べた松木の料理をアレンジしたものだというのだ。

師匠の料理を継いだから竜二の勝ちって、それでは鉾田には最初から勝ち目のない話ではないか。**せーなら竜二も鉾田も松木の弟子じゃった、ゆう設定にしとかにゃおえんじゃろー。**イカサマだ、イカサマだ。鉾田役の中条さん、太い眉をあげたり眉間に深い皺を寄せてる場合じゃありません。ここは折れたタバコの吸い殻でイカサマ勝負を見抜きましょうよ。そもそもこの映画では松木と竜二の師弟関係が具体的に描かれていないから、料理対決の結末も今ひとつピンと来ない。おそらく高田宏治の脚本が甘いのだろう。

ところでこの料理対決の時、竜二側の板前は四人しかいない。いかりや長介演じる元・流れ板の喜八爺さんを入れると五人だが、喜八は板場の隅で酒を飲み、料理を食べて講釈を垂れるだけだ。それなのになぜかタイトルは「七人」となっている。もしかして配膳や洗い物をする女たちも板前だと言い張るつもりだろうか？

さらに細かいことを言えば、主人公の竜二は家庭があって自分の店も持っているから、すでに流れ板ではない。応援に来た鉄也（木村一八）も立派に自分の店を持っているし、渡も森川（的場浩司）も流れ板とは言い難い。となると流れ板は「０人」ではないか。これでは題名に偽りあり、と言われても仕方あるまい。

『流れ板七輪』

料理対決
ほこ多 VS 竜二
料理対決は同点で勝負がつかん。
引き分けですか浦田さん。
いや PKで決める。
PK? ペナルティーキック?、
サッカーのWカップですか。
七輪で焼くサンマの1本勝負だ!
。。
しかし審査はどうやって。
サンマとくればもちろん、ネコのパウルくんだ!!
下津井あたりのネコのでしょう!
なー

23話　大脚本家・橋本忍、一〇〇歳で逝く

『悪の紋章』

宝塚映画 一九六四年
監督 堀川弘通
脚本 橋本忍
広沢栄
堀川弘通
原作 橋本忍
撮影 逢沢譲
音楽 黛敏郎
出演 山崎努
新珠三千代
戸浦六宏
安部徹

二〇一八年、脚本家の橋本忍が一〇〇歳で亡くなった。『羅生門』（一九五〇）や『七人の侍』（一九五四）といった黒澤明監督の代表作を手がけた人で、一九七〇年代には笠岡出身の森谷司郎監督と組んで『日本沈没』（一九七三）や『八甲田山』（一九七七）という大作をヒットさせている。『仁義なき戦い』（一九七三）などで知られる笠原和夫とともに、戦後の日本映画を代表する大脚本家だった。

橋本は播磨の人だが、岡山にもいろいろと縁がある。妻・松子は浅口郡寄島町尾焼（現・浅口市）の出身だし、橋本自身も結核で都窪郡早島町の傷痍軍人岡山療養所（現・南岡山医療センター）に入所していた。その時同室だった患者から借りた映画雑誌が、脚本との出会いだったという。これなら自分でも書ける、と思ったそうだ。今回取り上げるサスペンス映画『悪の紋章』（一九六四）は、原作も橋本自身によるもので、撮影は岡山出身の逢沢譲が担当している。

事件の陰に女あり

商事会社の社長・柴田（戸浦六宏）を殺人容疑でマークしていた菊地刑事（山崎努）は、

突然身に覚えのない収賄容疑に問われ、有罪となって二年の服役を強いられる。もちろん刑事の職も失った。出所後は名前を変え、警察時代の先輩がいる興信所に勤めながら、罠を仕掛けた連中への復讐を企てる。

そんな菊地の前に一人の女が現れる。自殺未遂で新聞記事になった浅井節子（新珠三千代）だ。菊地は満員電車で掏《す》られた彼女の定期入れを取り戻して駅に届け、葉書で知らせてやったのだ。ある日菊地が仕事を終えてアパートに戻ると、鍵をかけて出たはずの暗い部屋で彼女が待っている。

そんなバカな、と思われるかも知れないが、昔は大家や管理人が、訪ねて来た客を勝手に部屋に入れていたものだ。菊地が近くの大衆食堂で食事をしながら、礼を言いに来たという節子と話をするこの場面では、壁に貼られたメニューに注目しよう。「ポークライス」が八五円となっている。最近はとんと見かけなくなったが、要するにチキンライスの豚肉版で、ケチャップ味のチャーハンだ。懐かしいですな。

また別な日、菊地と節子は九十九里浜へピクニックに出かけ、誰もいない海を前にお互いの過去を打ち明ける。なんと節子は、郷里の池に幼なじみの艶子を突き落として殺したと言うではないか。自分の結婚話を村中に言いふらされたためらしいが、**そねーな理由で人う殺しょーたら、人類《りい》が滅亡してしまやあせんか。**まあ艶子は可愛げのないふてぶてしい顔をしているから、節子の苛つく気持ちはわからないでもない。

復讐鬼と化す山崎努

菊地は自分を裏切っていた妻を脅して、安部徹演じるヤクザ上がりの土建会社社長を誘い込ませる。特高警察ばりに電気ショックの拷問を加えられた安部は「お前、いったい人間かね」とつぶやくが、**えっと悪さばあしとって、はぁ安部《あびゃ》あ甘《あめ》えんじゃのぅ。**菊地役の山崎努は、後に橋本が脚本を書いた『八つ墓村』（一九七七）で、三二人の村人を惨殺する恐怖の殺人鬼になる男だぞ。

そんな山崎、いや菊地はその後も復讐に執念を燃やし、姿を消した柴田の足取りを追う。松江駅の改札口では、米子から伯備線で岡山へ、鳥取から津山、姫新線経由で神戸・大阪へなどと経路を推測する。本作にはちょっとした鉄道サスペンスの趣があり、乗客の忘れ物等を記載した「荷物事故公報」も出てくるが、若い頃の橋本は国鉄に勤めていたことがある。菊地はその「公報」から、柴田が山口県の国鉄美祢《みね》駅に降り立ったことを突き止める。そう、美祢駅は日本最大のカルスト台地として知られる秋吉台の表玄関だ。

菊地は柴田がすでに殺害されていると考え、秋吉台にある無数のドリーネ（すり鉢状の窪地）のひとつひとつを探し始める。このあたりがまさしく橋本脚本の真骨頂だ。『切腹』（一九六二）にせよ『首』（一九六八）にせよ、あるいは『幻の湖』（一九八二）にせよ、人間の執念を描かせたら橋本の右に出る脚本家はいない。

美作市ゆかりの映画

遂に柴田の死体を発見した菊地は、狂喜しながら素手で腐乱死体の首を絞めると、改めて死因を調べ、すぐに次の手を打つ。柴田を殺した犯人を手紙でおびき出すのだ。そして犯人の登場を待ちながら、死体を前に平気でビールを飲んでいる。さすがは元捜査一課の刑事と言いたいところだが、**秋吉台は国定公園なんじゃけー、空き缶をそこらに放られな。**やがて思いがけない人物がドリーネに姿を現わす……。

事件の真相は、東京へ帰る急行列車の中で語られる。ただし、あれでは殺人話が他の客に丸聞こえだぞ。おまけに菊地たちは、東京駅に着いても車内の照明が消えるまで座席に居座ったままだ。清掃係のおばちゃんにとっては迷惑な話である。それはともかく、本作はいくつもの伏線と人間関係がパズルのように組み立てられており、現在でも十分楽しめる作品に仕上がっている。

ところで本作のいったいどこが岡山映画なのか？　実は『私は貝になりたい』（一九五九）や『白い巨塔』（一九六六）など、橋本が脚本を手がけた映画にはしばしば岡山への言及がある。先に触れた横溝正史原作の『八つ墓村』は岡山県北西部の山村が物語の舞台だったが、この『悪の紋章』では、節子が岡山県北東部にある英田郡大原町（現・美作市）出身という設定なのだ。

現地ロケこそ行われていないものの、節子が郷里で艶子と会う場面も描かれている。同じく橋本が脚本を書いた『砂の器』（一九七四）には近くの江見町（現・美作市）が出てくることだし、美作市のみなさん、せっかくですから「橋本忍追悼ご当地サスペンス二本立て上映会」を企画しませんか。ＪＲ姫新線の林野駅前にあった昔の映画館の建物が使えたら最高なんですけどね。

先月いただいた『悪の紋章』のシナリオですが。
ウ～ン
橋本先生ご自身によるものすごい推敲のために、
読む人によって
ミステリー
ホラー
ラブロマンス
解釈がいろいろで。
まるで先生のシナリオデビューの黒沢明の『羅生門』のようなのです。
どれどれどうだったかね。
うーん、これは見たところ羅生門というより
後楽園外周旭川沿いの、
藪《ヤブ》の中だね。
自分で書いといて読めないんですかぁ?!

『悪筆の紋章』

24話　憤怒の河は岡山を流れていた

『マンハント』

中国　二〇一七年
監督　ジョン・ウー
脚本　ニップ・ワンフンほか
原作　西村寿行
撮影　石坂拓郎
音楽　岩代太郎
出演　チャン・ハンユー
　　　福山雅治
　　　チー・ウェイ
　　　桜庭ななみ

今回取り上げるジョン・ウー監督の『マンハント（中国題：追捕）』（二〇一七）は、かつて高倉健が主演した『君よ憤怒の河を渉れ』（一九八六）のリメイクだ。西村寿行原作によるこの高倉主演作は、映画ファンの間で「キミフン」と略して呼ばれ、なぜか中国で大ヒットした日本映画としてもよく知られている。

ただし今回のリメイク版は人物も時代も物語の設定もオリジナルとは違い過ぎる上に、ド派手なアクションシーンが連続し、ヒットウーマンや新米女刑事のサイドストーリーが追加されるなど、ほとんど別な作品になっていると言っていい。ウー監督もそれが気になったのか、オープニングシーンでわざわざ「キミフン」へのオマージュを捧げ、出演者にスキャットでテーマ曲を歌わせているぞ。

大まじめなユルフン映画

その「キミフン」の日本国内での評価はパッとしなかった。ストイックなサスペンスドラマではあったものの、随所に大きな疑問符が浮かぶユルフン映画だったからだ。代議士の不審死を捜査していた東京地方検察庁の杜丘《もりおか》検事（高倉健）は、身に覚えのない強盗・

強姦容疑で逮捕される。警察の現場検証の隙を突いて逃走した杜丘は、容疑を晴らそうとしてさらなる罠にはまってゆく。

それを追うのが警視庁捜査一課の矢村警部（原田芳雄）だ。ただしこの矢村、終始高飛車で偉そうな口を利いてはいるが、杜丘が逃走した責任の一端はあんたにもあるはずだ。留置中の男の逃走を許した大阪・富田林署の署員と大差ないぞ。近年、容疑者や保釈中の被告が逃げ出す事件が相次いでいるが、そのきっかけを作ったのはひょっとしてあんたじゃないのか？

本作はシリアスなストーリー展開にもかかわらず、劇中では何度も『第三の男』（一九五九）のテーマを思わせる能天気な音楽が流れ、その度に映画はユルユルな雰囲気になってしまう。あれにはいったいどういう意図があったのだろうか。おまけに北海道の日高山中で杜丘たちに襲いかかるヒグマは、**誰《でー》がどっからどねーに見ようても着ぐるみじやで。**さらに杜丘はそれまで触ったこともないセスナ機を操縦し、いきなり津軽海峡を渡るのだ。いやはやなんとも。

そして最後に事件の真相を知った矢村は、杜丘とともに黒幕の老政治家に拳銃を向けて自殺を迫る。まず杜丘が丸腰の相手を撃ち、続いて矢村が残りの弾をすべて撃ち込んで殺害しておきながら、駆け付けた部下には正当防衛を主張する。こうなったら法律も人権も公務員としての立場もない。そう、矢村もまた憤怒の河を渉るのだ。

矛盾をねじ伏せる監督の剛腕

さて、本題に入ろう。リメイク版のメインストーリーは富田林……いや、大阪から始まる。天神製薬の顧問弁護士を務める市川海老蔵……いや、ドゥ・チウ（チャン・ハンユー）は、同社の飼い犬である大阪府警の刑事に罠を仕掛けられ、殺人容疑の逃亡犯となった。それを矢村刑事（福山雅治）が追う。しかし人質にした新米の女刑事（桜庭ななみ）を、足手まといになるぞと言われてわざわざ百戦錬磨の矢村と取り替えるドゥ・チウの判断はいかがなものか。**こねーなんが弁護士で世話ぁねーんか。**

ドゥ・チウと矢村は何度かバトルをくり返すが、ドゥ・チウはそれをかいくぐってしたたかに逃げ延びる。日中ハーフの美女・真由美（チー・ウェイ）に導かれ、新幹線経由で岡山県北の蒜山にある彼女の牧場にたどり着いたドゥ・チウは、自分が三年前に担当した天神製薬の裁判の隠された背景を知ることになる。

それにしてもいったいなぜ蒜山なのか？　もちろん蒜山では過去にも映画のロケは行われている。けれどもジョン・ウー監督の話題作の舞台としては、いささか地味だ。どうやら当初は阿蘇でのロケを予定していたが、二〇一六年の熊本地震で断念し、蒜山が代替地に選ばれたということらしい。その蒜山では岡山ナンバーのトヨタ車が激突して裏返しになり、大破する場面があるが、乗っていたドゥ・チウも真由美もかすり傷すら負っていない。もしかしてこれは、中国全土に向けてトヨタ車の安全性をPRするためのタイアップ広告なのだろうか。ドゥ・チウに手錠をかけた矢村は一緒に真由美の牧場へ戻り、天神製薬側の襲撃に備える。真由美も猟銃を構えるが、直後にくり広げられるアクションはまさしくウー監督の真骨頂だ。大量に使われる火薬と銃弾、乱舞する火花とガラスの破片、スローの多用に派手なカメラワークなど、ケレン味たっぷりの演出が堪能できる。

話の矛盾も無理のある設定もちぐはぐな演技も、あるいはウー監督の娘が美人じゃない方のヒットウーマンを演じていることも、すべて吹き飛んでしまうほどの迫力だ。中でも福山雅治と市川海老蔵……いや、チャン・ハンユーによる息の合った手錠アクションは、本作の一番の見どころだったと思う。

吠えろ、倉田ドラゴン！

負傷した矢村の搬送先は架空の「県立作州中央病院」となっていたが、本作では蒜山以外にも、旧片上鉄道の吉《きち》ヶ原駅など岡山県内各所でロケが行われている。天神製薬の研究開発センターには県工業技術センターの外観が使われているし、その内部でのアクションは総社市にある巨大な流通倉庫にセットを組んで撮影された。そこでは人間を殺人兵器にする新薬を研究し、人体実験が行われていたという設定だ。そう、ドゥ・チウと矢村はここ岡山の地で憤怒の河を渉り、天神製薬の野望に戦いを挑むのだ。

　そしてもう一人、大阪でドゥ・チウを匿った坂口老人も忘れてはならない。坂口はホームレス仲間の行方を探るために自ら新薬の被験者となるが、凶暴化したその拳は分厚いコンクリート壁をも破壊する。**ぼっけーのう。**演じているのは、香港で数々のアクション映画に出演した経験を持つ「和製ドラゴン」こと倉田保昭、七〇歳を超えてなお咆哮のアクション魂は健在でありました。

岡山では『君よ憤怒の河を渉れ』を通称『キミフン』と言っているそうだね。

ハイそのようです。ジョン・ウー監督。

その『キミフン』をリメイクした私の『マンハント』の通称を『マンハン』にします。

えっ『マンハン』?

『ト』がないだけですけど。

私は香港映画出身の出たとこ現場主義者だ。役者を操り人形のように扱う黒沢映画とは一線を画する。

竹中直人が2人おる
デブの女殺し屋がだれに似とるか思い出せん
脚本に『ト書き』はいりません。

岡山弁でめちゃのことは『ごじゃ』です。めちゃくちゃは『ごじゃくそ』です。それじゃ監督、『リメイくそ』です。

『マンハン』

下津井平次捕物帖

いしいひさいち

下津井平次
捕物帖

下津井平次

岡山城下は県立美術館ウラ
天神町の岡ッ引き。
女房の実家から送ってくる
魚ばかり食って サカナくさい
のでついた呼び名が
下津井平次。

ハチ

児島半島は八浜の生まれで
実家から送ってくる魚ばかり
食っていてサカナくさいので
平次の子分になった。
本名、八浜五郎。

おしず

平次の女房
下津井の漁師の娘。

同心の旦那

不祥事の絶えない
岡山西奉行所勤務。

貧
白
人
乏

親分てててーへんだぁ
どうした、ハチ。
会席弁当の老舗みよしの本店に押込強盗が入って一家皆殺しですぜ!
なにィ
許せねえッ
行くぜ

箸《ハシ》！
カツ弁だぁ
なにしに来やがったんだてめぇら

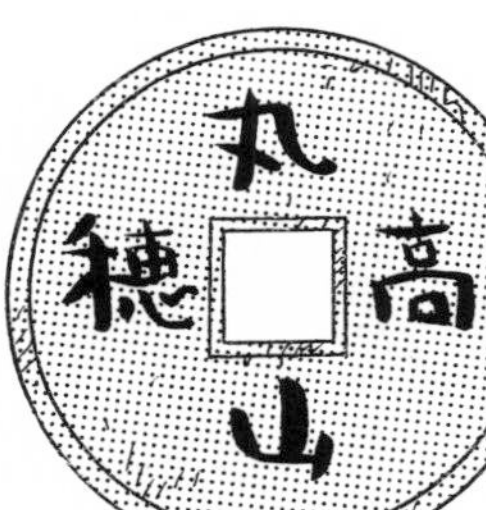
丸
高
山
穂

て、て、て、てーへんだぁ
岡山名菓大手まんぢゅうに押込み強盗が入って一家皆殺しですぜ!
平次
大手まんぢゅうだとぉ
行くぜハチ!
あっ親分
大手まんぢゅう 伊部屋
いえ、昨夜はなにごとも
ないだと!?
伊部屋
親分、伊部《インベ》屋じゃありません。
ハァ ハァ

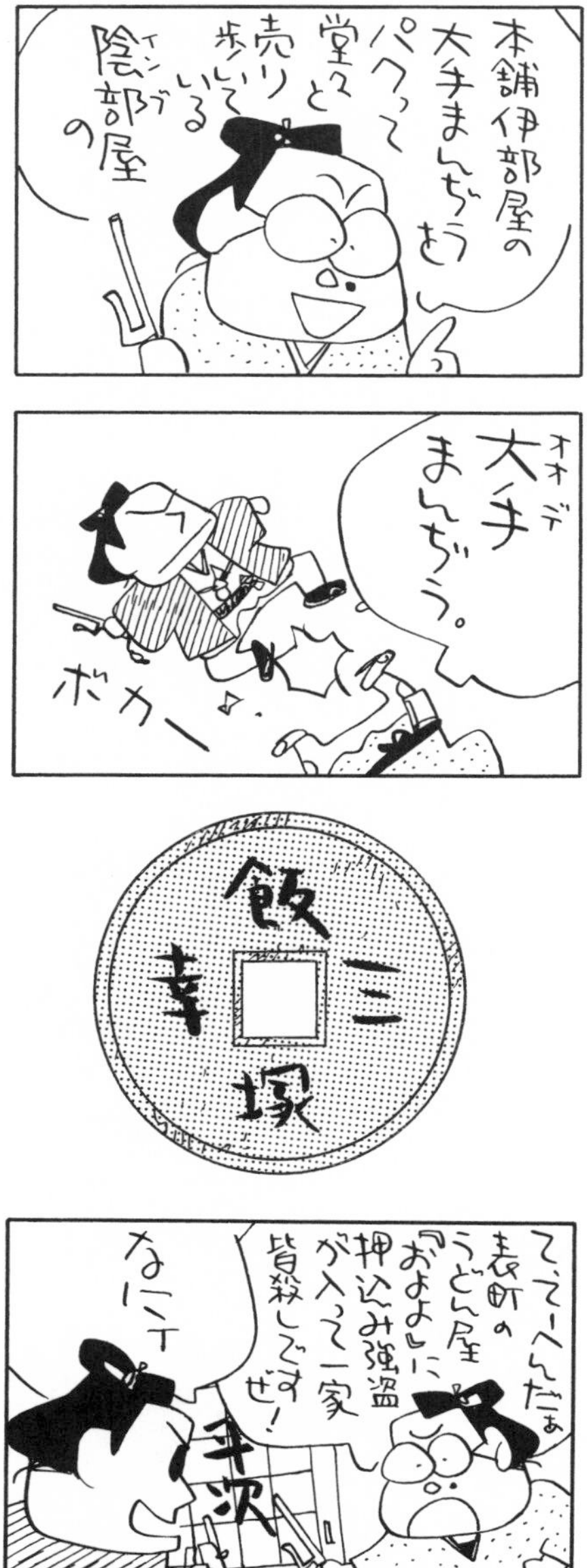
本舗伊部屋の
大手まんぢうも
パクって
堂々と
売りて
歩いている
陰《イン》部《ブ》屋
の
大手《オオデ》まんぢう。
ボカー♪
飯
塚
三
幸
てて一へんだぁ
表町の
うどん屋
『およよ』に
押込み強盗
が入って一家
皆殺しですぜ！
なにイ
手次

およよは揚げものもうめぇんだ許せ〜ねぇ!!
行くぜハナ
ゲソテンだー
は
いえ、揚げものときいたので『ガッテン』とイカの天ぷらの『ゲソ天』のシャレで。
まぁよしとするか。
へイ。

イカすぜ
ハチ。
ガッテンだーー
ボカーン
つきあえよッ
掛
受け子
子
ワム
てーへんだーー
どうした
ハチ。

岡山鉄道機関区に押込み強盗が入って職員皆殺しですぜ！
ナム
コキぜチハ！
てっちゃんだー
語感がムカつく

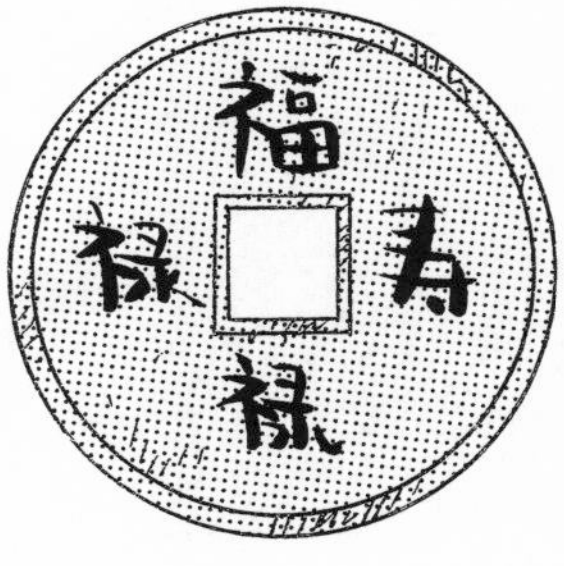
福
寿
禄

おおお親分！
どうしたハチてーへんなのか。オレはインフルエンザこじらせて高熱がつづいててーへんだ。
平次
せせせ、せーてんだぁ
ポカー
ネ
ト
ヨ
ウ
(笑)
親分てててて、てーへんだぁ アースミュージックエコロ寺に押込み強盗が入って居合わせた檀家皆殺しですぜ！
なにー
平次

行くぜハチ
ガッテンだ。
厄除けの火打石
おまえさん。
おたずね者
東バルチスタン抵抗軍
カッチ湿地旅団
カッチ
カッチ
旦那
おう平次
ひでぇもんだぜ・

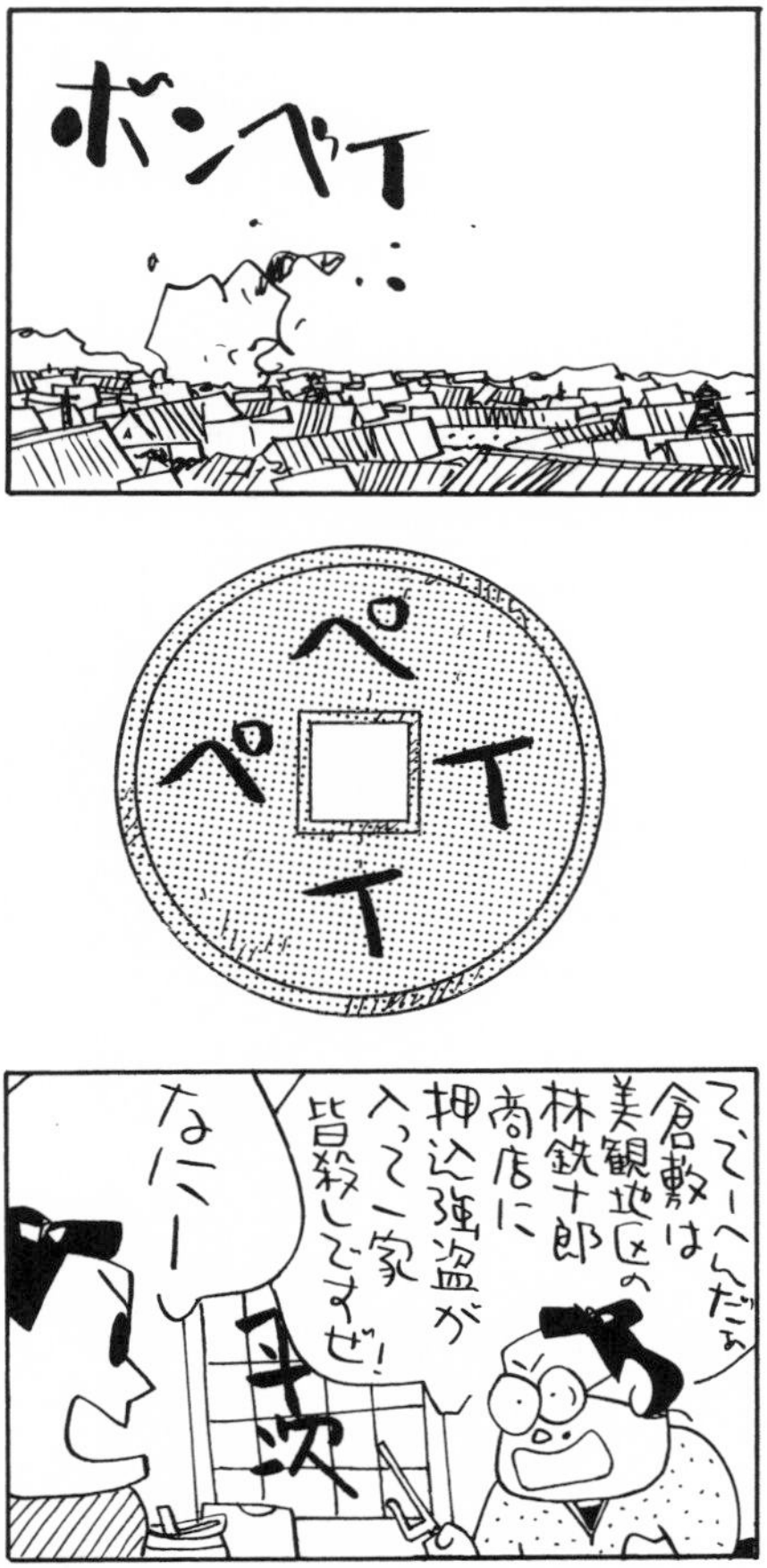
てぇーへんだぁ
倉敷は美観地区の林鉄十郎商店に押込強盗が入って一家皆殺しですぜ！
なにー
行くぜ
ハチ。
ガク

なんだどうした。
親分、倉敷とくればダジャレ的にはここは、『ハチ』ではなく阿知神社の『アチ』じゃねえですかい？
あちゃー
ボカー
おわり

あとがき

「そんな映画に岡山が？」「あの俳優が岡山ロケに！」「そねーなこたーありえまぁ」などなど、岡山と映画にまつわるアレコレを強引に掘り起こす「まぁ映画な、岡山じゃ県」シリーズの第三弾をお届けします。もちろん今回もネタバレありの仁義なしです。

前著第二弾を刊行後、再びいしいひさいち先生とのコンビで地元の『山陽新聞』に月一回の連載をさせていただきました。連載中には、都内某所でいしい先生と一緒に未ソフト化作品の特別有料試写（三〇分ごとに五〇〇〇円＋消費税）を観る機会にも恵まれました。隣でメモを取るいしい先生のペン先から、シュルシュルシュルと魔法のように描き出される絵に見とれ、何度か映画の方がおろそかになりかけました。

本書はその連載原稿をベースにまとめたものですが、単行本化に際しては連載時に書けなかったことや、間違いの修正を含め大幅に加筆しました。また、いしい先生には連載時の四コマに加えて、巻末用に新作の「下津井平次」を描き下ろしていただきました。なんたる幸せ。いしいひさいちファンの皆さんにも喜んでいただけると思います。

さらにいしい先生からは「世良君の文章にカットを添えてあげよう」というありがたいご提案が！　嬉しさのあまり調子に乗って各話に四つも五つもカットの挿入をお願いした

ところ、「一話につき一カットだよ」とのご返事でした。という訳で、各話一枚の厳選された合計二四カットですので、どうぞじっくり味わってください。

『山陽新聞』での連載中は、担当の江見肇さんと「シネマ・コレクターズ・ショップ 映画の冒険」の吉富真一さん、単行本化に際しては八坂書房のいしいひさいちファン・三宅郁子さんに貴重なアドバイスをいただき、西尾総合印刷にも大変お世話になりました。装丁は毎度お馴染み、謎のデザイナーmicco dawdinapo[go]の手を煩わせました……あ、前著では変換ミスで「煩わせ」が「患わせ」になっていました、すみません。

さてこのシリーズ、今後はどうなるのかという問い合わせもいただいていますが、三度目の連載開始と第四弾出版へ向けて、目下ゴソゴソと作品をリストアップし、準備に取り組んでいるところです。何か決まりましたら、蜻《あき》文《づ》庫のホームページほかでお知らせしますので、よろしくお願いします。

二〇二〇年三月

世良利和

主な参考資料

書籍

『犬死にせしものの墓碑銘』西村望　一九八二　徳間書店
『宇野港物語』山陽新聞社玉野支社編　一九八九　山陽新聞社
『映画裏方ばなし』鈴木一八　一九八〇　講談社
『岡山の映画』松田完一　一九八三　岡山文庫
『男はつらいよ ― 津山ロケ日誌 ―』春名啓介　二〇〇四　津山朝日新聞社
『加藤泰、映画を語る』加藤泰　二〇一三　ちくま文庫
『肝臓先生』坂口安吾　一九九七　角川文庫
『菊池寛全集　第八巻』一九九四　高松市菊池寛記念館
『鞍馬天狗のおじさんは』竹中労　一九九二　ちくま文庫
『恋して泣いて芝居して』清川虹子　一九八三　主婦の友社
『さらば友よ』関敬六　一九九六　ザ・マサダ
『時代劇映画の詩と真実』伊藤大輔　一九七六　キネマ旬報社
『女優　岸惠子』岸惠子　二〇一四　キネマ旬報社
『瀬戸内シネマ散歩　I－III』鷹取洋二　二〇〇九－二〇一七　吉備人出版
『玉野市史』一九七〇　玉野市
『でーれーガールズ』原田マハ　二〇一四　祥伝社文庫
『日本映画人名事典　監督篇・女優篇・男優篇』一九九五－九七　キネマ旬報社

『日本シナリオ大系　第一巻』一九七三　映人社
『橋本忍　人とシナリオ』一九九四　日本シナリオ作家協会
『花の講道館 ― 近世名勝負物語 ―』村松梢風　一九五三　新潮社
『阪妻』山根貞男編　二〇〇二　太田出版
『魔女の宅急便 1–6』角野栄子　二〇一三　角川文庫
『麦笛：シナリオ』池田一朗、豊田四郎　一九五五　映画タイムス社
『室生犀星作品集　第2巻』一九五九　新潮社
『目玉の松ちゃん ― 尾上松之助の世界 ―』尾上松之助、中村房吉　一九九五　岡山文庫
『森一生映画旅』森一生、山根貞男、山田宏一　一九八九　草思社

定期刊行物
『映画検閲時報』内務省警保局（復刻版　一九八五–八六　不二出版）
『映画年鑑』大同社、時事通信社ほか
『キネマ旬報』キネマ旬報社
『山陽新聞（合同新聞）』山陽新聞社ほか
『山陽年鑑（合同年鑑）』山陽新聞社ほか
『シナリオ』シナリオ作家協会
『夕刊岡山（オカニチ、岡山日日新聞）』岡山日日新聞社ほか

ウェブサイト
日本映画データベース　http://www.jmdb.ne.jp/

『山陽新聞』連載への予告

そんなにひどい映画なら
一度観てみようか、と
思っていただけたなら
ひねくれ漫画担当としては
冥利に尽きるものが
あります。
よろしくお願いします。

著者紹介

いしいひさいち
岡山県玉野市生まれ。
『バイトくん』『がんばれ!!タブチくん!!』『ののちゃん』『B型平次』など作品多数。

世良利和
出雲生まれ、美作育ちの岡山市在住。
著書に『その映画に墓はない』『沖縄劇映画大全』『外伝　沖縄映画史』など。

本書は二〇一六年一〇月から二年にわたって『山陽新聞』に月一回連載した原稿を加筆再編集したものです。

シネマ㊙風土記

まぁ映画な、岡山じゃ県 3

＆下津井平次捕物帖

発行
二〇二〇年三月一五日　第一刷

著者　いしいひさいち
世良利和

編集　藤野薫

協力　NPO法人　地域文化研究所

発行所　蜻《あきづ》文庫
岡山市北区表町一―四―六四　上之町ビル四階
郵便番号七〇〇―〇八二二　電話（〇八六）二〇一―一六四〇
http://akiz-bunko.com

印刷・製本　西尾総合印刷株式会社

定価はカバーに表示してあります。

ISBN 978-4-904789-10-0 C0074

蜻文庫おすすめ既刊本

蜻文庫おすすめ既刊本